五常十八般武艺

五常十八般武艺

总主编 金兴盛

浙江省非物质文化遗产代表作丛书

浙江摄影出版社
徐楚浩 叶华醒 编著

浙江省非物质文化遗产
代表作丛书编委会

总 序

中共浙江省委书记
省人大常委会主任 夏宝龙

    非物质文化遗产是人类历史文明的宝贵记忆,是民族精神文化的显著标识,也是人民群众非凡创造力的重要结晶。保护和传承好非物质文化遗产,对于建设中华民族共同的精神家园、继承和弘扬中华民族优秀传统文化、实现人类文明延续具有重要意义。

    浙江作为华夏文明发祥地之一,人杰地灵,人文荟萃,创造了悠久璀璨的历史文化,既有珍贵的物质文化遗产,也有同样值得珍视的非物质文化遗产。她们博大精深,丰富多彩,形式多样,蔚为壮观,千百年来薪火相传,生生不息。这些非物质文化遗产是浙江源远流长的优秀历史文化的积淀,是浙江人民引以自豪的宝贵文化财富,彰显了浙江地域文化、精神内涵和道德传统,在中华优秀历史文明中熠熠生辉。

    人民创造非物质文化遗产,非物质文化遗产属于人民。为传承我们的文化血脉,维护共有的精神家园,造福子孙后代,我们有责任进一步保护好、传承好、弘扬好非物质文化遗产。这不仅是一种文化自觉，是对人民文化创造者的尊重，更是我们必须担当和完成好的历史使命。对我省列入国家级非物质文化遗产保护名录的项目一项一册，编纂"浙江省非物质文化遗产代表作丛书"，就是履行保护传承使命的具体实践，功在当代，惠及后世，有利于群众了解过去，以史为鉴，对优秀传统文化更加自珍、自爱、自觉；有利于我们面向未来，砥砺勇气，以自强不息的精神，加快富民强省的步伐。

党的十七届六中全会指出，要建设优秀传统文化传承体系，维护民族文化基本元素，抓好非物质文化遗产保护传承，共同弘扬中华优秀传统文化，建设中华民族共有的精神家园。这为非物质文化遗产保护工作指明了方向。我们要按照"保护为主、抢救第一、合理利用、传承发展"的方针，继续推动浙江非物质文化遗产保护事业，与社会各方共同努力，传承好、弘扬好我省非物质文化遗产，为增强浙江文化软实力、推动浙江文化大发展大繁荣作出贡献！

（本序是夏宝龙同志任浙江省人民政府省长时所作）

前 言

浙江省文化厅厅长　金兴盛

要了解一方水土的过去和现在,了解一方水土的内涵和特色,就要去了解、体验和感受它的非物质文化遗产。阅读当地的非物质文化遗产,有如翻开这方水土的历史长卷,步入这方水土的文化长廊,领略这方水土厚重的文化积淀,感受这方水土独特的文化魅力。

在绵延成千上万年的历史长河中,浙江人民创造出了具有鲜明地方特色和深厚人文积淀的地域文化,造就了丰富多彩、形式多样、斑斓多姿的非物质文化遗产。

在国务院公布的四批国家级非物质文化遗产名录中,浙江省入选项目共计217项。这些国家级非物质文化遗产项目,凝聚着劳动人民的聪明才智,寄托着劳动人民的情感追求,体现了劳动人民在长期生产生活实践中的文化创造,堪称浙江传统文化的结晶,中华文化的瑰宝。

在新入选国家级非物质文化遗产名录的项目中,每一项都有着重要的历史、文化、科学价值,有着典型性、代表性:

德清防风传说、临安钱王传说、杭州苏东坡传说、绍兴王羲之传说等民间文学,演绎了中华民族对于人世间真善美的理想和追求,流传广远,动人心魄,具有永恒的价值和魅力。

泰顺畲族民歌、象山渔民号子、平阳东岳观道教音乐等传统音乐，永康鼓词、象山唱新闻、杭州市苏州弹词、平阳县温州鼓词等曲艺，乡情乡音，经久难衰，散发着浓郁的故土芬芳。

泰顺碇步龙、开化香火草龙、玉环坎门花龙、瑞安藤牌舞等传统舞蹈，五常十八般武艺、缙云迎罗汉、嘉兴南湖掼牛、桐乡高杆船技等传统体育与杂技，欢腾喧闹，风貌独特，焕发着民间文化的活力和光彩。

永康醒感戏、淳安三角戏、泰顺提线木偶戏等传统戏剧，见证了浙江传统戏剧源远流长，推陈出新，缤纷优美，摇曳多姿。

越窑青瓷烧制技艺、嘉兴五芳斋粽子制作技艺、杭州雕版印刷技艺、湖州南浔辑里湖丝手工制作技艺等传统技艺，嘉兴灶头画、宁波金银彩绣、宁波泥金彩漆等传统美术，传承有序，技艺精湛，尽显浙江"百工之乡"的聪明才智，是享誉海内外的文化名片。

杭州朱养心传统膏药制作技艺、富阳张氏骨伤疗法、台州章氏骨伤疗法等传统医药，悬壶济世，利泽生民。

缙云轩辕祭典、衢州南孔祭典、遂昌班春劝农、永康方岩庙会、蒋村龙舟胜会、江南网船会等民俗，彰显民族精神，延续华夏之魂。

我省入选国家级非物质文化遗产名录项目，获得"四连冠"。这不仅是我省的荣誉,更是对我省未来非遗保护工作的一种鞭策,意味着今后我省的非遗保护任务更加繁重艰巨。

重申报更要重保护。我省实施国遗项目"八个一"保护措施,探索落地保护方式,同时加大非遗薪传力度,扩大传播途径。编撰浙江非遗代表作丛书,是其中一项重要措施。省文化厅、省财政厅决定将我省列入国家级非物质文化遗产名录的项目,一项一册编纂成书,系列出版,持续不断地推出。

这套丛书定位为普及性读物,着重反映非物质文化遗产项目的历史渊源、表现形式、代表人物、典型作品、文化价值、艺术特征和民俗风情等,发掘非遗项目的文化内涵,彰显非遗的魅力与特色。这套丛书,力求以图文并茂、通俗易懂、深入浅出的方式,把"非遗故事"讲述得再精彩些、生动些、浅显些,让读者朋友阅读更愉悦些、理解更通透些、记忆更深刻些。这套丛书,反映了浙江现有国家级非遗项目的全貌,也为浙江文化宝库增添了独特的财富。

在中华五千年的文明史上,传统文化就像一位永不疲倦的精神纤夫,牵引着历史航船破浪前行。非物质文化遗产中的某些文化因子,在今天或许已经成了明日黄花,但必定有许多文化因子具有着超越时空的生命力，直到今天仍然是我们推进历史发展的精神动力。

省委夏宝龙书记为本丛书撰写"总序"，序文的字里行间浸透着对祖国历史的珍惜，强烈的历史感和拳拳之心。他指出："我们有责任进一步保护好、传承好、弘扬好非物质文化遗产。这不仅是一种文化自觉，是对人民文化创造者的尊重，更是我们必须担当和完成好的历史使命。"言之切切的强调语气跃然纸上，见出作者对这一论断的格外执着。

非遗是活态传承的文化，我们不仅要从浙江优秀的传统文化中汲取营养，更在于对传统文化富于创意的弘扬。

非遗是生活的文化，我们不仅要保护好非物质文化表现形式，更重要的是推进非物质文化遗产融入愈加斑斓的今天，融入高歌猛进的时代。

这套丛书的叙述和阐释只是读者达到彼岸的桥梁，而它们本身并不是彼岸。我们希望更多的读者通过读书，亲近非遗，了解非遗，体验非遗，感受非遗，共享非遗。

2015年12月20日

目录

四百多年前，明朝重臣洪钟告老还乡，将带兵征战期间各种兵器的使用方法带回家乡五常，并对当地日常使用的木质农具进行改制，带领乡人习练，逐渐形成了"五常十八般武艺"。2011年，经文化部门挖掘整理，"五常十八般武艺"正式成为第三批国家级非物质文化遗产项目。

五常十八般武艺的古老兵器因为战乱散失殆尽，其复制品也在"文化大革命"期间沉入水塘，但是通过乡里的口传心授，这项宝贵的非物质文化遗产还是幸运地传承了下来。随着五常经济社会各项事业的发展，十八般武艺作为西溪历史文化的特色亮点，其热度逐年攀升，不仅成为展示五常地域文化的金名片，也成为当地居民强身健体的重要活动内容。

近年来，杭州市余杭区完善非遗保护工作机制，加大资金投入力度，加强非遗传承人保护，推进非遗传承教学基地建设，开展"余杭区非物质文化遗产保护月"等丰富多彩的非遗展示活动，全区上下形成了浓厚的非遗保护氛围。不难看到，优秀传统文化在文化部门和热心人士的挖掘、保护、传承、弘扬下,正显现出日益强大的生命力和独特的魅力。

在省文化厅的大力支持下,我区《余杭滚灯》、《五常龙舟胜会》、《余杭清水丝绵制作技艺》等已先后列入"浙江省非物质文化遗产代表作丛书",为传承弘扬优秀传统文化、普及文化遗产保护知识提供了很好的媒介。这次《五常十八般武艺》的出版,为本套丛书增添了新的内容,让广大读者能够更好地了解余杭文化,亲近余杭这片文化热土。

优秀传统文化积淀着中华民族最深沉的精神追求,包含着中华民族最根本的精神基因,代表着中华民族最独特的精神标识,是中华民族生生不息、发展壮大的丰厚滋养。非物质文化遗产保护是一项长期的事业,期待更多社会热心人士关注和参与。

杭州市余杭区文广新局局长　冯玉宝

2015年10月

一、概述

五常十八般武艺是流行在杭州市余杭区五常街道及毗邻地区的民间传统体育活动。

相传明朝大臣洪钟告老还乡退居故里五常后，将兵器与生产、生活工具结合，创编武术套路教乡民演练，用以强身健体、改良民风。后来这一带武术活动形成气候，成为百姓喜闻乐见的节目，被称为『五常拳灯』、『五常十八般武艺』。

一、概述

[壹]五常的地理位置和自然环境

杭州市余杭区五常街道南邻西湖区留下街道，北倚京杭大运河南端重要支流余杭塘河，西连余杭区仓前街道，东隔五常港与西湖区蒋村街道相望，区域面积24.88平方千米，除南部边缘有少许低丘外，均为典型的水乡平原。五常紧靠杭州主城区西部，东南部与举世闻名的西湖仅一山之隔，现已成为杭州高等学府、文化产业、高科技新兴产业集聚的区块。

杭州主城区西郊河港纵横、风光旖旎，通称西溪湿地。西溪湿地的形成，源于浙江第一大河钱塘江以及浙北最大河流东苕溪的综合作用。

东苕溪上游干流是南苕溪，位于现在习称"老余杭"的旧县城一带，百姓俗称"大溪"。南苕溪发源于浙西暴雨中心天目山，每至汛期，南苕溪纳天目万山之水，挟带泥沙汹涌而下，冲击特别强烈。

从远古至两千年前，南苕溪从今天余杭街道南部东下，经过现在的余杭区仓前、闲林、五常及西湖区蒋村、古荡等地注入钱塘江。由于钱塘江冲积平原不断扩大以及潮水顶托，南苕溪水流变得滞而不畅，杭城西北部低洼地带成为潴水之处，形成大泽，这就是古南漳湖。今天的五常一带，处于浩渺的古南漳湖中心。

东汉熹平元年（172），余杭县令陈浑组织修筑苕溪堤塘，其屏障杭城的重要性堪与东部钱塘江堤防比肩，故称"西险大塘"。西险大塘的修成使南苕溪水改变流向，从余杭老县城（今余杭街道）东郊折往东北，流向太湖。陈浑又在余杭县城的西北、东南分别开南上、南下两湖以蓄淫潦，"捍之以横塘，泄之以斗门"，苕溪水势变得更缓，南漳湖受水减少，"水渐杀、土渐出，伏而为滩，突而为洲，民乃得依之以居"。沧海桑田，堪称西溪这片膏腴之地形成过程的真实写照。陈浑以及举家死于抗洪的唐代县令归珧、为保护南漳湖与权臣蔡京抗争的宋代县令杨时，都因为余杭水利殚精竭虑而流芳千古，被百姓尊为"三贤"，传颂至今。

现在的西溪，一般指沿山河（又称西溪、留下溪）和余杭塘河之间，东起古荡、西至闲林，包括今余杭区的五常街道及仓前街道南部、闲林街道东北部，西湖区的古荡街道、蒋村街道、留下街道。古时的西溪地域要大得多，延伸到上述地区周边，南至龙坞、转塘，北抵三墩、良渚、瓶窑，西至旧余杭县城。

一代代先民辛勤开拓耕耘，将大泽荒滩改造为沃土良田，创造了特有的桑基鱼塘、竹基鱼塘、柿基鱼塘等农业模式，成为典型的江南鱼米之乡、桑蚕之乡、花果之乡。据明代吴本泰《西溪梵隐志》记载，西溪"自宋辇径途，斥为皋壤，沟塍鳞次，耕渔栉比，兼饶梅、竹、茶、笋"。

西溪一带食有鱼，居有竹，不涉喧嚣，俨然世外桃源。在自给自足的自然经济时代，除了严重的自然灾害和社会动乱，人们大多可以粗衣暖、淡饭饱，是相对富庶的地方。

包括五常在内的西溪诸乡，阡陌相连，自然环境和生活方式相似，乡风民俗大体相同。许多村庄之间世代姻娅，亲谊绵延，民俗活动也往往联为一体。

南宋定都杭州，更给这片京畿之地带来了文化大繁荣的难得机遇。西溪紧靠杭城，近水楼台先得月，各种文化活动应运而生。在五常的十八般武艺、龙舟胜会、庙会、元宵灯会等民俗活动中，都可以看到既植根一方水土又海纳百川的文化特点。

五常十八般武艺的核心是"武"，其发轫和兴盛，离不开与兵事有关的地理和人文因素。

五常街道所在的西溪，是杭州城西大门，浙、皖、苏三省通衢，地理位置十分重要。西溪附近的山虽不高，在冷兵器时代却是杭州城的天然屏障。岭间山径南至富阳，直抵富春江，联系浙江腹地；北面的余杭塘河则是控扼杭城西部的重要水道；紧贴余杭塘河的余杭东驿道经过旧县城，西北可抵瓶窑、德清，是黄山、天目山通向沿海平原的咽喉。

上述地理特点，使西溪成为古时兵家必争之地。隋开皇十一年

五常——杭州城区西大门（葛犇程　摄）

（591），杨素将钱唐县城从灵隐附近迁至西湖以南的凤凰山下，西溪成为拱卫杭州州治的战略要地。唐末，杭州一带地方势力抗击黄巢军，建立杭州八都兵，其中清平都驻扎余杭，即今余杭街道；龙泉都之"龙泉"，据宋元之交的史学家胡三省考证，"即龙井，在杭州城西南凤篁岭上，去城十五里"。一西一南，五常与这两个地方相去都只有十多里。吴越王钱镠选择在杭州城南建腰鼓城作吴越王宫，宋高宗放弃在西溪建都城的最初打算，而改以城南凤凰山下州衙扩建为行宫，这些举措有多种原因，但从军事角度来看，一旦发生战乱，宫城不至于首当其冲，实在是颇具战略眼光的。

　　南宋初，完颜兀术率金兵自建康（今南京）经广德、安吉，陷独松关攻临安（今杭州）；南宋末，由阿喇罕率领的元兵右军也由此线路进迫南宋都城。这条线路必须经过五常一带。

金兵追逼康王赵构，民间演绎出种种传说。徐映璞《清平山人文录·龙驹坞游记》载："俗又传，高宗南渡遇敌，单骑走此，跃马逾涧，避匿山中，有昆季五人，耦而耕，敌问津马，绐之曰右，因而追无所获，敌怒，五人皆杀，高宗乃免。事定，敕祀五义士为土谷神。"这些传说并非空穴来风，据史料记载，钱塘县令朱跸及其部属金胜、祝威，都是在西溪附近抗金战斗中牺牲的，殁后受百姓纪念，视为护佑一方的神灵。

《大清一统志》载："余杭县东南十八里有闲林塘……明初邓愈略临安，破张士诚兵于闲林寨，即此。"邓愈是朱元璋麾下最年轻的骁将，闲林寨在今之闲林街道，五常以西不过五六里路。

明末清兵南下时，明将陈留奉命退守钱塘，失败后向城西撤退，将伤员安置于余杭一带农家后，策马退往闽东。西溪百姓将当年陈留所经的一座山称为将军山，以纪念这位爱兵如子的将军。将军山就在五常东南数里的东岳村。

清同治初年，清军和太平军在杭州一带展开攻防拉锯战。同治二年（1863）八月，太平军"自仓前、长桥、女儿桥、老人铺、西溪……横至古荡，连营四十里"，以拒清军。五常附近和睦桥、梧桐村、蒋村、护国桥、西葛巷、横渎桥等处皆为激战之地，双方都有重要将领战死或重伤，清军浙江战场统帅左宗棠曾数度亲往西溪一带督战。据光绪《余杭县志稿》记载，章太炎之父章浚曾在五常附近的闲林埠向左宗棠献上地图，五常的战略地位可见一斑。

在古代战乱中，胜者大索数日、败者抢掠而走的情况并不少见，谁胜谁败，百姓都难逃兵燹之灾，异族入侵时百姓遭受的苦难更是惨烈。1937年7月，日本发动全面侵华战争。杭州沦陷后，日寇沿杭徽公路在留下、荆山岭、闲林埠等地建岗楼，经常下乡"扫荡"，大肆烧杀掳掠。据不完全统计，仅五常村庄，被日寇残杀的百姓就达51人。

战乱催生了保家卫土的尚武精神。西溪流传着"得胜章相公"的故事：章相公是南宋咸淳年间家住西溪南马神弄的农民，当时一支散兵游勇经过西溪骚扰乡里，正在舂米的章相公顶着石臼、手持舂棒大呼而出，保全了村庄。里人尊称这位章姓壮士为

《平浙纪略》记载清代五常一带战事

"得胜章相公"，他去世后被奉为土谷神立祠祭祀。

[贰]五常十八般武艺的历史人文基础

相传五常十八般武艺为家住五常的明代大臣洪钟所创。五常作为地名出现于近代，得自南北纵贯境内的最大港汊五常港。"五常"的来历有多种说法，最普遍的认为与钱塘望族洪氏有关，明代西溪洪氏共有五位尚书（包括追赠），"尚"、"常"相通，故为"五常"。又有一说，明代名医刘均美之婿张璟，将父亲秘留给他的五处藏金悉数让给家境荡废、凄凉不堪的兄长，藏金处为七宝柱至思母亭一带，称"五藏埂"，后以音近传为"五常"。五藏埂现为西溪国家湿地公园西区中沿五常港的寿堤的一部分。还有一种说法，"五常"之义出于君臣、父子、夫妇、兄弟、朋友五种伦常，与三纲五常的"五常"意思相同。这个说法符合洪氏诗书礼义传家、恪守"五常"的历史事实，可信度高。

宋、明、清特别是有明一代，钱塘望族洪氏对杭州文化发展有重大而深刻的影响。洪氏源自江西鄱阳，鄱阳洪皓系北宋政和五年（1115）进士，南宋建炎三年（1129）以代理礼部尚书出使金国，被扣十五年，放逐冷山，即今黑龙江省五常市冲和镇。洪皓坚贞不屈，终被放回，朝野誉为"宋之苏武"，宋高宗更是赞其"忠贯日月，志不忘君，虽苏武不能过"。归宋后官至徽猷阁直学士，封鄱阳郡开国侯，又加封为魏国公。1155年洪皓去世，谥"忠宣"。宋高宗曾赐洪皓宅第于西湖葛岭,并在钱塘县钦贤乡(今五常一带)赐御田三顷,至今五常仍保留着"御田里"地名,即当年的赐田之所。

　　洪皓为洪氏迁杭的第一代,其三子先后为进士。长子洪适,字景伯,官至同中书门下平章事兼枢密使,封魏国公,卒后赠太师,谥"文惠"。次子洪遵,字景严,官至翰林学士承旨、同枢密院事,封信国公,卒谥"文安"(宋代的枢密院是最高军事机关,其主官枢密使或同枢密院事以文制武)。幼子洪迈为翰林学士,中书舍人兼侍读,加焕章阁学士、端明殿学士,封和国公,卒谥"文敏"。洪迈的名著《夷坚志》、《容斋随笔》中不乏兵事轶闻,更值得一提的是,洪氏三兄弟都积极抗金,在对金用兵、外交折冲、理财、军需、起草诏书等方面起过重要作用,是文韬武略双全的大臣。五常洪家埭原有洪

御田里——御赐洪皓田产所在地(葛犇程　摄)

氏宗祠，其内楹联称"宋朝父子公侯三宰相"，就是指南宋洪皓父子的显爵。

元替宋祚，洪氏一支避居上虞。这一支中的洪有恒明初返回钱塘，卜居之处就是今五常洪家埭。洪有恒有一段与"武"相关的轶事。他原名洪武昌，犯了大明开国年号"洪武"之讳，因此被抓到京师治罪。明太祖朱元璋亲自审讯，问明"洪武昌"之名在大明开国前已取，是"以武昌盛天下"之意，高兴地说"此预兆朕之兴耳"，不但不予加罪，还御笔为他更名"有恒"，并授予国子丞之职。只是洪有恒无意为官，坚辞不受，归隐家乡西溪。洪有恒之孙洪钟显贵后，其曾祖洪荣甫、祖父洪有恒、父洪薪均获赠太子太保、尚书头衔；加上

洪氏宗祠（葛犇程　摄）

约一百年后的洪钟曾孙洪瞻祖,有明一代五常洪氏共有五人获尚书衔。因此,明代五常洪氏家族有"五尚书"的荣耀。

明代洪氏家业至洪钟达到顶峰。洪钟字宣之,自号两峰居士,生于明正统八年(1443),成化十一年(1475)考中进士。他虽是文官,但历任官职与司法、军事密切相关,是下马管民、上马管军的角色,多次经历边备、征讨,"擅习武,精阵法"。

弘治二年(1489)起,洪钟先后任江西按察副使、四川按察使。"所在发奸摘状,无所扰避,而听决如流,庭无宿讼。由是豪横屏息,自土官宣慰使,皆懔懔奉约束。"弘治九年(1496)后又任江西右布政使、都察院右副都御使,巡抚顺天等府,兼整饬蓟州诸边备。洪钟向朝廷建议增筑边关塞垣,自山海关西北之密云古北口直抵居庸关,延亘千余里,修城堡二百七十所,又奏减防秋官兵六千名。正德二年(1507),洪钟升南京刑部尚书。正德四年(1509)改任北京工部尚书,又改刑部尚书,兼都察院左都御史。正德五年(1510)负责川、陕、湖、河四省军务,先后计擒邱仁、杨清、蓝五、杨友、杨爱等"流寇"。朝廷七度降敕嘉奖,赐白金麒麟服,进太子太保。清末杭州史学家、藏书家丁立中在《西溪山庄怀洪襄惠公》诗中称赞洪钟:"边备万屯摠甲胄,功成四省息干戈。"

洪钟一生清白,不事聚敛,平生好积书、重教化,文武兼备。《钱塘志补》称洪钟刻苦读书,文章楷法俱超逸绝伦,而性恬淡,不

太子太保刑部尚书洪锺公遗像

漁舟分付訪桃源題承嗣昊添詩蹟集覽文通紀夢痕
試讀粤西名宦傳淵明松菊返桃源
西溪山莊懷洪襄惠公
公名鐘字宣之錢塘人成化乙未進士以御史
巡撫順天兼整飭薊州諸邊備復城堡三百七
十自山海關抵居庸延亙千餘里歷官刑部尚
書加太子少保賜玉帶出總川陝湖河四省軍
務賜白金麟服進太子太保諡襄惠祀鄉賢墓
在東穆陽松楸綿長五里王陽明爲墓銘有別

二十五

丁立中怀洪钟诗　　　　　洪钟像（洪大根　提供）

乐仕进，归隐西溪以图书消岁月，或栽花莳竹以自娱，时与农夫邻老课晴问雨，究桑麻之事。

洪钟的曾孙洪瞻祖也是颇有建树的人物。洪瞻祖字诒孙，号清远山人，万历二十六年（1598）中进士，选翰林院庶吉士，后官兵科给事中、南京都察院右都御使。天启年间，洪瞻祖率兵歼灭福建、广东等地叛军，后又在江西、福建冒矢石击鼓催兵，围剿"流寇"，缴获兵器无数。崇祯元年（1628）致仕，还归故里，与隐居其间的文人、僧道诗文酬唱，交往甚多。卒赠太子少保、兵部尚书，葬于焦山，即五常荆山岭。

　　五常之所以产生十八般武艺，除了洪钟的兵事阅历外，西溪一带悠久的屯兵演武历史也是重要因素。

　　五代时吴越国第二代国主钱元瓘，继位前已是其父钱镠军事上的得力助手，曾率水军攻打杨氏吴国，擒吴将七十余员，俘战船四百余艘。钱元瓘在西溪东北钟乳泉旁建将台，明代释大善《西溪百咏·将台钟乳泉》云："昔闻将令肃天霜……军持频灌晚花香。"康熙五十七年（1718）刊刻的《钱塘县志》中有一首海宁词人徐林鸿的词《念奴娇·吴王将台》，描述西溪昔日烽烟：

　　　　蒹葭深处，问吴王，旧垒旌旗明灭。传箭山河仙游处，风马云车惊发。日母迎归，波神受戒，迅扫无间壁。龙蟠凤翥，将台高对双阙。

　　　　屈指江左兴亡，故都何在？一笑成痴绝。劫火徘徊千载后，尚见沙沉铁戟。铃铎哀鸣，鼓击悲壮，老尽星星发。苏林清馨，流霞又吐华月。

　　将台之地后来成了佛教丛林，清人吴本泰有《菩萨蛮·大苏林》，发思古之幽情，追述当年刀光剑影：

　　　　水流花径环松岛，苏林得似仇池好。麋鹿此中来，

吴山旧将台。当年千骑绕，此日香灯少。老衲话相逢，三
生如梦中。

南宋建都临安（今杭州），西溪曾驻扎禁军。据南宋咸淳《临安
志》载，绍兴初年，西溪腹地的交芦庵是侍卫马军司驻地，交芦庵两
侧白荡滩（即今五常十八般武艺盛行的村庄之一白庙附近）、芦苇荡
等地是马军、步军训练和比武的地方。

洪钟之后十八般武艺能在五常一带延续和发展五百余年长盛
不衰，一个重要原因是当地具有与武相关的历史人文基础。不少与
兵事、武术相关的人士曾活动在五常一带，他们的事迹载诸史册、
流传民间，无疑对武术发展起着很大的推动作用。

万表，字民望，号九沙山人、鹿园居士，生于明弘治十一年
（1498），浙江鄞县人，祖籍安徽定远。先祖万国珍文武双全，元末
率义兵跟从朱元璋，甚得朱元璋喜爱，为其改名万斌，大明开国以
军功封侯。万国珍之子万钟，孙万武、万文，三代相继，世袭武职，都
死于保卫国家的战事，史称"万氏四忠"。万表系万文之曾孙，祖父
万禧、父亲万椿也担任武官，万椿官至浙直海防总兵。

万表于正德十四年（1519）考中武举，名列第一，次年考中武进士，
授浙江把总，正德十六年升迁都指挥佥事兼督漕运，嘉靖四年（1525）
任浙江掌印都指挥。以后历任南京大校场坐营、漕运参将、南京锦衣卫

金书、广东副总兵、左军都督、漕运总兵、南京中军都督府金事。

万表与少林寺交往颇深。据清嘉庆《余杭县志》记载，明嘉靖年间倭寇作乱，逼近杭州，万表散家财搬得少林寺僧兵二百名，由女婿杭州卫指挥同知吴懋宣统率，抗击进犯海盐的倭寇，保全杭州。后吴懋宣在追击倭寇时重伤而死。嘉靖三十三年（1554），万表在嘉兴杨泾桥与倭寇遭遇，中流矢后仍裹创以战，击退倭寇；次年授浙直海防总兵，病重辞归；越年卒，葬于钱塘。

万表定居钱塘、葬于钱塘，钱塘堪称他的第二故乡，他究竟生活和安葬在钱塘何处，颇值得探究。据清嘉庆《余杭县志》记载，明正德年间，万表曾居于五常以东约六里的闲林福胜庵。还有史料记

> 边民被虏于夷岛，莫可胜算。……
>
> 　被虏中国男女二三百人，髡其发，跣其足，使之牧牛马，供薪水，为炊爨……。
>
> （见《日本一鉴》）
>
> 　**海寇议**　明万表撰，表字民望，鄞县人，正德末进士。累官都督同知金事、南京中军都督府。时值海寇出没，为江、浙患。表扬原祸本以为奸民通番者所致，因为此议。上之当事，历叙通逃啸聚始末甚详。其后倭乱大起，表结少林僧，习格斗法，屡歼其众，盖本能以才略自显者，宜其所之具有先见也……。
>
> （见万表《海寇议》）
>
> 　**僧　兵**　如河南永宁芦氏县，闻有毛胡卢兵、少林僧兵，

万表与少林寺的关系

永兴寺今貌（葛蒋程　摄）

载，万表晚年爱西溪幽胜，在安乐山永兴寺东（五常东南四里许，今属留下街道）筑偏室隐居。万表是西溪佛慧寺檀越，曾发起重建永兴寺。他在永兴寺旁筑万氏祠堂，卒葬永兴寺侧。万表之子万达甫先后守卫抗倭前线浙东、福建海防，官至广州参军；万表之孙万邦孚任游击将军，参加抗倭斗争，官至福建总兵。他们的抗倭功绩卓著，去世后皆葬于五常东南的永兴

万表参与重建永兴寺

寺侧祖茔。

万氏一门九代为将，其中六代投身抗倭，多人捐躯战场，其事迹有明一代绝无仅有，中国历史上也实属罕见。

五常附近还有一位文武兼综的抗倭志士，名叫田艺蘅。田艺蘅，字子艺，号品岩子，别号甲申主人，生于明嘉靖三年（1524），原籍钱塘县万岁里（大致在今良渚西南）。其父田汝成，字叔禾，嘉靖五年（1526）进士，官至福建提学副使，归田后盘桓湖山，穷尽浙西名胜，著有《西湖游览志》、《西湖游览志余》等。田汝成与余杭文士蒋灼为挚友，后迁居蒋灼家乡方山附近。清末民国初年杭州文士丁立中

明刻《留青日札》所附田艺蘅小传　　明刻《留青日札》所附田艺蘅像

在《西溪怀古诗·蒋村怀蒋子九》序中云:"子九名灼,余杭诸生。居西溪蒋村,工诗善画……与田叔禾唱和叠韵不休,论者比之薛能卢纶之流。"蒋村古有南北两村,今属西湖区的俗称南蒋村。史料记载蒋灼为"余杭监生",因此这里的蒋村当是"北蒋村",即五常西北四里许,在与西湖区方山一河之隔的余杭区仓前街道高桥村里蒋、外蒋、蒋家桥一带。明代这里亦列入西溪,至今仍是蒋姓聚居的村落。

田艺蘅博学多才,天文、地舆、兵法、医卜、外典无不涉猎。明嘉靖年间东南沿海深受倭寇掠扰,他义无反顾地投入抗倭斗争。嘉靖三十三年(1554)田艺蘅客游湖州,乌程(今吴兴)知县张冕因倭寇逼近问计于田艺蘅。田艺蘅建议将富贵之家的仆役编为乡兵加以训练,使器械精明、艘橹完备,能应令齐集参战。张冕纳其策,在嘉兴王江泾抗倭战斗中大获全胜。嘉靖三十四年(1555),田艺蘅在余杭组织义兵千人保障地方。他制订一十八策,经杭州知府采纳发布施行。嘉靖三十六年(1557),他受命统领余杭、钱塘、临安三邑乡兵抗倭,巡抚江南的抗倭名将阮鹗下令,这些乡兵"悉听生员田艺蘅操练调遣,如违,呈送治以军法"。五常至瓶窑旧道沿途,至今仍有姚家营、谈家营、和尚营、凌村营等村庄,这些名称带有浓厚的军事色彩,考查史料当与抗倭相关。

田艺蘅出入行阵五年,蒋灼曾专程赴瓶窑前线探望,赋有《闻田子艺御倭寇于瓶窑，往访南山寺》一诗相勉：

> 溪上悠悠鼓角鸣，知君已守北乡营。
>
> 雨深客路曾分袂，夜静辕门独请缨。
>
> 访旧偶从萧寺集，移樽还对竹堂清。
>
> 相看况有参军在，好让穰苴奕世名。

蒋灼之侄蒋国威，字少翼，号青亭，曾随阮鹗平定倭寇之乱，被授予武职，著有《蒋青亭诗集》。田艺蘅、蒋国威同为抗倭志士，都是醉里挑灯看剑、能文能武的豪逸诗人，世谊不绝，情同手足。田艺蘅有诗《送蒋少翼归余杭》，记载了他们的诗情剑谊：

> 与君异县本同乡，同醉京华结客场。
>
> 相送恨无双剑诀，归家喜有一诗囊。
>
> 倚门老父头垂白，织锦佳人额半黄。
>
> 鞭笋正肥鱼正美，因之飞梦到余杭。

虞德园，名淳熙，字长孺，钱塘人，万历十一年（1583）进士，官户部、兵部。他在兵部任职时"却虏千余骑"，"却虏"显然是参加抗击入侵外敌的战斗并取得胜利的意思。虞德园后来引疾归隐回峰别业，曰"读书林"，著有《灌务山房集》，卒赠光禄寺少卿，墓在七十二贤峰下。七十二贤峰绵延于钱塘、余杭交界地带，其属钱塘县的就在今五常街道荆山村。

明代后期，五常西南余杭芝山的陈元赟武术造诣颇深。陈元赟生于明万历十五年（1587），原名珦，字义都，一字士升，又因居住地别号芝山、既白山人，对制陶、医药、气功、食疗、茶道、诗文、方志、书法均有深研。他二十七岁时在河南少林寺习武，天启元年（1621）随朝廷官员赴日本，后在江户国正寺创编柔道，"日本中古柔术之祖"三浦义展、福野正胜都是他的徒弟，因而他被日本人奉为柔道鼻祖。

据《陈元赟年谱简编》记载，陈元赟所居的芝山在余杭城北二十余里处，既白山在东苕溪南北分流处，即今瓶窑镇南部，他的出生地则是"杭州府余杭县陈家桥"。查旧余杭县的陈家桥有两处，一在今仓前街道灵源村，一在今闲林街道梧桐村（现为万景村），是闲林、五常、仓前相邻地带。芝山、既白山显然是他后来迁居之处。值得注意的是，这两个陈家桥在清至民国时都盛行拳灯，梧桐村的拳灯会还在清末的余杭反清举义中起过重要作用。

旧时五常、蒋村流行船拳，这实际上是十八般武艺的水上版。据西湖区非物质文化遗产调查发现，船拳中孙家门孙拳师，深潭口田家庵杨道士，永兴寺张大仙，蒋村河南班穆龙、穆虎，石塘角沈丘水，都是清初的少林弟子，他们在少林寺学得三角步、马步、拖步、马步弓步互转等步法，使用的短兵器有剑、链星、三节棍等，有些套路在新中国成立初期的五常武术中还颇为多见。

[叁]五常十八般武艺的形成和发展

相传洪钟退隐故里后，发现不少乡民在忙完农活后无事可做，游手好闲者打架滋事时有所闻；于是，他将为官时带兵征战的兵器与生产、生活工具结合，改制出一些独特的器械，并创编武术套路一百零八法，教乡民演练，以强身健体、保乡御敌，同时改良民风。这些武术套路，以后被称为"五常拳灯"、"五常十八般武艺"。

五常十八般武艺最初是洪钟带领道社庙附近（人称"庙前"）村民习武、以武为乐的强身健体活动，逐渐扩展到唐家里、旗竿村、白庙后河东、白庙后河西等村庄。道社庙为洪钟所建，众安坊就在今之五常社区。洪钟去世后，村民将他传教武术时所用的器械供奉在道社庙中，另外依样复制了一套，由村里长辈轮流保管。历代五常一带习武用的器械，就是按照这套式样制作。今天的五常社区保存着一套祖先传下的武术器械，其中一把阳文镂刻花纹的木制大刀，上面"道社庙众安坊"字样仍十分清晰。这一带的武术活动渐成气候，在元宵灯会、庙会上展示，各显其能，成为百姓喜闻乐见的节目。由于主要表演内容是武术，主要展示平台是灯会、庙会，因此也被称为"拳灯"，其团体称"拳灯会"，表演团队称"拳灯班"。

清代木制兵器（吴巧珍　摄）　　　　　　　　　清代青龙偃月刀（细部）

　　散见的史料记载以及老辈人口口相传表明，至迟在清代中叶，拳灯以及其中的主要表演内容十八般武艺已遍布五常和相邻乡村。

　　五常十八般武艺在发展中也吸收了外地的武术营养。晚清时浙北石门县（今属桐乡市）沈阿三、沈阿四兄弟，每年深秋来五常收摘桑叶作为湖羊过冬饲料，落脚在白庙河西（今属友谊社区）胡友宝家。沈氏兄弟早年曾跟太湖著名拳师"金钩绺胡子"学过武，看到白庙庆春坊村民练武，难免技痒，显露身手打了一套四门拳。村民十分佩服，请他俩传授了大洪拳、小洪拳、杨家拳、四门拳等。第二年，沈氏兄弟从家乡带来一套铁制器械，于是五常除原有的十八种木制兵器之外，又增加了三节棍、短刀（马刀）、铜棍等。

　　清末民国初年传统武术被尊为国术，五常一些村庄的习武团体也顺应潮流，采用"国术"之名。以白庙前（今属友谊社区）胡兆型（乳名友宝）为首，成立白庙前庆春坊国术团，参加村民一百五十余人。民国早期胡友宝在白庙一带很有名，其拳术方圆数十里内无对手，有一次在杭州比武，竟打坍了擂台。后来，胡友宝将功夫传给侄子胡顺理（乳名友根），并将他培养成自己的助手。

民国18年（1929），杭州成立浙江省国术馆，省长张静江为馆长，设有十大国术教练站。据杭州市西湖区西溪文化研究会武术分会会长、友谊社区武术团副团长胡金火回忆，他爷爷胡友根曾说过，抗战前浙江省民众教育馆在五常荆山岭办国术传习班，附近村民纷纷前去学习，校方了解到五常有民间武术团队，很是支持，分别赠给沈家村、白庙、横板桥武术团队三面旗帜以资鼓励。经历八十多年沧桑，这些旗帜早已损毁无存，但八十五岁高龄的胡友根之子胡连宝仍记忆犹新。

1929年11月，杭州举行浙江国术比试游艺大会，高手云集。据胡友根后人回忆，五常白庙的庆春坊国术团参加了这次国术比试游艺大会，胡友宝、胡友根还得过奖牌。由于历史原因，这些奖牌现已不存，但胡友根之子胡连宝仍清晰记得父亲所述主办大会的有浙江省主席等要人。胡氏熟谙的打虎拳、武松拳、大洪拳、小洪拳，在当年的资料中都有记载。

20世纪30年代，沈福泉、蒋长喜、唐金泉、胡友根、费础生、王永泉等十二名拳师分类教习不同的武艺。当年村里人多在白庙河西练武，经常到村庄中心何阿永家聚集练拳。由于兵器存放在胡友根家，有时村民也在胡家墩胡友根家练习。逢年过节，他们会去各个村庄表演，每次出场时打的大旗上书"白庙庆春社国术团"。与五常邻近的良渚石桥、三墩方山、古荡、仓前、和睦北草塘等地，胡友根等都去表演或教过拳术。

1937年12月，日军侵占杭州、余杭，日寇铁蹄下拳灯活动无法进行，直至抗战胜利才恢复。抗战胜利后，五常蒋家埭以蒋茂华为首组建"众安坊武术队"，不久与杭州国术馆取得联系，更名为"五常国术研究团"。白庙前的唐金泉组建"白庙拳灯队"，自任队长。五常西坝里、油车兜、横板桥、蒋家埭、洪家埭、沈家埭、沈家村、南草荡、白庙后、俞家斗门外，五常周边仓前的东葛巷、程家村、施姚里、蔡家塘，和睦的梧桐村、许家埭、和睦桥、北草荡，双桥的白塔桥、九房桥等地，也陆续恢复了武术团队，均沿用拳灯班名称。

20世纪50年代起，拳灯渐趋式微，以拳灯会名义练武有些不合时宜。白庙村民于1953年成立"民丰业余京剧团"，成员有五十余人。当时白庙村大部分青壮年都参加了这个剧团，主要成员有何桂祥、费寿法、何桂春、蔡长根等。该团以武打戏见长，演员个个都有武术功夫。除了本地，他们还去富阳的祝家村、闲林埠和古荡等地演出，精彩的表演深受群众欢迎。要吸引观众，必须苦练基本功、提高演技，还要培养后起之秀。民丰业余京剧团在当时环境下顺应时势，客观上起到了传承五常武术的作用，功不可没。

　　"文化大革命"给五常十八般武艺带来灾难性的打击,练武活动受到禁止,武术器械被抄没,差点付之一炬。民丰业余京剧团演的是传统武打剧目,难逃被扫除的厄运,只好毁掉器械,自行解散。

　　"文化大革命"结束后不久,五常群众开始冲破"左"的束缚。1978年,村民冒着风险藏匿的古代木制兵器重见天日。当时年纪大一点的人都忙于生产队农活,只有好奇好动的年轻人将那些兵器搬出来玩耍,可是没有师傅,没个章法。听说蒋村的蒋金云原是五常村人,当年年过六十还会武功,洪明宝、蒋志财、胡乔泉等人便划一条小船到蒋村将他接过来,蒋金云成了"文化大革命"后五常村的第一位武术教练。村里晒谷场上敲起锣鼓,摆开阵势,练武的人逐渐多起来,冬闲时有七八十人,不过没有组织,只是聚在一起凑个热

蒋茂华指导练武

闹，自娱自乐。

1994年，村老年协会文娱组成立，退休老干部洪水根等致力于恢复习武传统。虽说有了初步的组织，但习武村民说不清功夫来历，套路混杂。洪水根等人找来从新疆回乡的老拳师蒋茂华，请他作示范表演，一边教大家习武，一边整理出比较接近祖上所传动作的武术套路。

1999年，洪水根、洪大根等开始整理洪氏文化资料，挖掘五常龙舟胜会和传统武术等内容。在他们的建议下，2003年3月，五常村（今称五常社区）村委会向上级呈递报告，要求建立五常民俗文化村，内容之一就是在洪钟故里洪家埭创办武术馆，弘扬五常民间武术。

武术界人士的慧眼识珠给五常武术焕发青春带来了意想不到的机遇。2003年端午节前夕，时任杭州市城市管理综合行政执法局局长、杭州市武术协会常务副理事长的赵荣福先生（后任杭州市体育局局长）偶然读到报纸上余杭五常发现古代兵器的简短消息，获悉五常有一种据说从明朝传承下来的"拳灯"，村民至今风行练武。赵荣福是杭州江干区笕桥人，自幼爱好武术，刀、枪、剑、棒及杨式太极拳等样样精通，擅长青龙偃月刀，被尊为"华夏刀王"；他又是一名民间体育活动的积极推广者，在省、市武术界颇有影响。赵荣福邀请多位武术界专业人士，一起去五常考察。看了村民的表演后，他们认定这是一种融乡村民间武术、戏台艺术、民间敲打乐于一体的乡土武术文化。临走时，赵荣福送给五常武术老人蒋茂华一把珍藏的宝剑，并让武术教练章建华留下来，帮助五常村整理当地的民间武术，提出不求洋、不求大，但求乡土味，精雕细琢中保持民俗文化的原汁原味。在五常村委会和一些老艺人的配合下，章建华对"拳灯"相关武术进行挖掘、研究，梳理出各种操练套路，定名为"五常十八般武艺"。

2004年，在当地政府和五常村委会的重视下，五常村正式恢复武术团队，取名"杭州西溪（五常）民间武术队"，由胡乔泉任队长，洪明宝、沈洪元具体负责。全队一百余人，聘章建华为总教练。

2002年，五常街道白庙村（现属友谊社区）建立白庙武术组，

五常恢复武术团队，右为队长胡乔泉，中为教练章建华

2004年改为白庙武术队,有二十余人。这支武术队最初由白庙从香火钱中拿出一点资助活动开支,不久得到杭州市西湖区西溪文化研究会的支持,安排到蒋村深潭口表演,并协助蒋村对类似的武术文化积淀开展挖掘。五常白庙村与友谊村合并后,白庙武术队更名为"友谊村武术队";村改社区后,改为"五常街道友谊社区武术团",俞金连任团长,胡金火为副团长。

两个武术团队正式成立后,分别配备团队旗帜和统一服装,显得分外雄壮威武。武术团队简直成了村庄子弟兵,当他们出现在节庆场合时,人们都争睹本村团队的丰采。

旗帜是武术团队的标识,上下较长、左右稍窄,呈长方形,四周

五常友谊武术团老队员(胡金火　提供)

镶着锯齿状边，旗上内容各有特色。杭州西溪（五常）民间武术队的旗帜突出对"武"的崇尚，中央为一个醒目的正体"武"字，两旁各绣一龙，仰首向上，几乎一直延伸到上下两端，雄壮之势、恭敬之态充盈其间。友谊社区武术团的旗帜除标明地域和团队名称外，还增加了"西溪湿地"、"传统"等字样。

武术团队的服装，上衣为传统式样的对襟衫，颜色统一，称为"武士服"，现在则称"练功服"。葡萄状的结扣用在练功服上，便专称为"英雄结"。练功服裤筒较为宽大，裤脚镶以宽紧带，演练时飘逸潇洒又不致勾拉而影响动作。整套服装富有英武阳刚之气。有的团队演练时，包括敲锣击鼓者均系上红绸腰带。

五常社区民间武术队队旗

友谊社区武术队队旗

　　五常、友谊两个社区一西一东，都有悠久的练武历史，武术传承绵延不绝，恢复武术团队十几年来，都在弘扬五常民间武术文化中取得累累硕果。

　　2004年8月，一百零一名农民组成的杭州西溪（五常）民间武术队参加在杭州黄龙体育中心举行的第二届浙江国际传统武术大会，取得五个第一名、两个第二名、三个第三名，共计三十四块金牌、十块银牌、十五块铜牌，在世界十一个国家和我国九省市参赛队伍中，所获奖牌数量居于前列。开幕式上表演的"五常古兵器大操练"获特别表演奖。这次国际传统武术大会将摆阵、击鼓也列入比赛项

中央电视台采访五常练武老人（葛犇程　摄）

目, 西溪 (五常) 民间武术队的威武阵及威武锣鼓均获金牌。中央电视台专程赶赴现场拍摄 (节目于2005年元宵节期间在央视七套播出), 相关镜头入选浙江长城影视公司、纪实半月社合拍的百集电视片《中华武术》。

2004年10月, 第六届西湖博览会举行, 在10月23日以"快乐杭州"为主题的西湖狂欢节大巡游活动中, 西溪 (五常) 民间武术队队员提着十八般古兵器威武出场, 表演各种武术, 赢得一阵阵惊叹和喝彩声, 最后斩获"最佳表演奖"。

2007年6月, 西溪 (五常) 民间武术队作为浙江省农民武术队的

五常武术亮相西湖博览会

五常民间武术队获西湖狂欢节最佳表演奖

五常民间武术队所获奖杯

重要成员,参加首届全国农民武术大赛暨中国天水伏羲武术大赛,夺得两块金牌、一块银牌、七块铜牌。新闻刊载于全国多家媒体,许多人由此知道杭州近郊有个名叫"五常"的村庄,那里自古至今流传着一种民间武术，延续着优秀民族文化的脉络。

　　2008年8月，西溪（五常）民间武术队作为中国群众文化学会派出的中国民间艺术团前往巴西，参加第十届帕素芬多国际民间艺术节。中国民间艺术团一行二十一人，其中表演者十六名，最长者七十二岁，最年轻的二十一岁，表演内容除了十八般武艺，还有余杭滚灯和舞龙等。在踩街活动中，队员们扛着"中国杭州西溪（五常）武术队"的大旗走在整支队伍的中段，引起了巴西民众的特别关注。

在巴西舞龙

在巴西表演滚灯

观众如潮

巴西人爱学中国武术

巴西群众夹道欢迎五常武术队员

在巴西踩街

帕素芬多市民第一次近距离地领略东方民间文化艺术的魅力，道路上挤满了观众，几乎到了狂热的程度。据陪同人员说，武术队每次出行，警察局都做了高级别的安保工作。

2004年，友谊村武术队参加浙江省全国民间武术邀请赛；2005年参加海王星辰杯武术比赛，获得优胜奖；此后又参加了第四、第五、第六届全国民间武术邀请赛，取得优秀成绩。2009年第六届浙江国际传统武术比赛中，友谊村武术队以十八般武艺获得集体第一名；2010年第六届全国传统武术邀请赛中，友谊村武术队获男子组集体十八般武艺、集体蔡阳刀、凳花第一名；2011年第八届浙江国际传统武术比赛暨首届国际东岳太极拳比赛中，友谊村武术队获得集体十八般武艺银牌。

友谊社区武术团获得的奖牌

友谊社区武术团在颁奖仪式上（胡金火　提供）

二、五常十八般武艺的器械

五常十八般武艺演练使用的器械，最基本的有十八种、十九件。其式样有的与古代军中制式兵器相同，有的与当地生产生活中使用的器具相似，还有一些是民间流传的故事中人物所用的家伙，体现了五常十八般武艺发展过程中多种文化元素的融合。

二、五常十八般武艺的器械

[壹]五常十八般武艺的器械种类

"十八般武艺"一词始见于南宋华岳编的兵书《翠微北征录》，指的是使用兵器的技能，与之对应的武器则为"十八般兵器"。"十八般武艺"、"十八般兵器"与"七十二般变化"、"三十六计"、"九九八十一难"等一样，是个习用的概数，具体指哪些说法不一，但大同小异。

明代谢肇淛《五杂俎》中所列十八般兵器为一弓、二弩、三枪、四刀、五剑、六矛、七盾、八斧、九钺、十戟、十一鞭、十二锏、十三挝、十四殳、十五叉、十六把头、十七绵绳套索、十八白打。明代朱国桢《涌幢小品》中"兵器·武艺十八事"解说称"白打，即手搏之戏，俗谓之打拳"，也就是不持寸铁的徒手搏击。施耐庵《水浒传》所说的十八般兵器则是"矛锤弓弩铳，鞭锏剑链挝，斧钺并戈戟，牌棒与枪叉"。戏曲界的十八般兵器为刀、枪、剑、戟、斧、钺、钩、叉、鞭、锏、锤、抓、镋、棍、槊、棒、拐、流星锤等。清代民间列十八般兵器为刀、枪、剑、戟、镋、棍、叉、耙、斧、镰、钩、拐、鞭、锏、锤、抓、弓箭、藤牌。

　　五常十八般武艺所用器械已非征战所用的武器，但习惯上仍称"五常十八般兵器"。这些器械以木制作，供练习和表演、娱乐之用，实际上是兵器模型。最基本的有十八种、十九件，绝大多数为长杆兵器，大体可分为以砍刺为主的带刃兵器（大多带刃）、以击打为主的兵器（大多带槌）和砍击结合的其他兵器（刃槌兼备）。它们的名称与上述各说有所不同，许多还有当地的特殊称呼。五常武术前辈用过的器械还有不少，只是现在大多不用。

　　木制器械安放在专门的兵器架上，兵器架中间装有两根钻有一排圆孔的桁条，下面两条凿出相应的凹洞，兵器插于其间，整齐而稳固，系上绳索可供抬运。兵器架的后侧是一块木板，中央是一个醒

兵器架（葛犇程　摄）

目的"武"字,周围绘以祥云仙草。演练开始,依次从架上取下兵器时,要面对架子郑重行礼。

1. 砍刺器械

砍刺器械带刃,以刃部杀伤为主要功能,大体是军中制式武器,只有大劈锁不常见。

龙刀、凤刀:来源于古代兵器,式样大体相似,只是刀面所刻一是腾于云端的龙,一是祥云缭绕的凤,以示区别。

龙刀、凤刀与五常小划船上名为"划橇儿"的木桨很像,"文化大革命"时期严禁练武,有些村民就以桨代刀,劳作之余坚持练习。

尚阳刀:来源于古代兵器,刀面上刻有一种向阳植物,故此得名。刀形有点像弯月,三国蜀军大将关羽所用兵器就是这种,也称青龙偃月刀、关刀;三国魏军老将蔡阳也擅使此刀,故五常有的地方称之为"蔡阳刀"。

兄弟刀:来源于古代兵器,刀柄较短,刀面上刻一串铜钱,《水浒传》中"青面兽"杨志所使大约就是这种兵器。现较少用。

三尖两刃刀:来源于古代兵器,神话故事中二郎神杨戬用的就是这种刀,因此又称杨戬刀。其特点是尖端分为三叉,两面有刃,既可砍击,又可刺戳,套路变化较多。

龙鱼斧:为长柄大斧,来源于古代兵器,小说、戏剧中隋唐好汉程咬金、金兵悍将完颜兀术使用的都是这种兵器。五常所用的龙鱼斧，斧面上方刻有龙首鱼身的动物，寓意鲤鱼化龙；如果顶部装上缨旄，则成为古时帝王、统帅威权的象征。龙鱼斧在五常又称钺斧，常用作迎神赛会时的仪仗。

方天戟：来源于古代兵器，用以战斗的部位向前突出，形成一个尖端和两面月牙状刀刃。其特征是尖端锐利，有助刺杀；月牙刃沉重，可作劈砍。《三国演义》中武艺高强的吕布，用的就是这种兵器。方天戟在宋代以后很少见于实战，只出现在仪仗和戏剧表演中。

大劈锁：据说来源于切草铡刀，上方装把手，与古时的锁酷似。刀锁结合，发力勇猛，攻守兼备。大劈锁正反两面中央为万年青图案，旁边配以花草；两侧各绘一只蝙蝠，周围辅以祥云。

另有一说，大劈锁系方腊所创。相传方腊在山中劳作，突然蹿出一头猛虎，情急之下他捡起一块片状页岩抵挡，居然砍断了虎爪。方腊起义后，从这段往事中得到启发，设计出这种专砍马腿的步战利器。

2. 击打器械

击打器械没有刃部，以捶击制敌为主要功能，战斗部件大多为圆形或椭圆形的锤子，有的还装上尖刺状附属结构；捶戳兼用的为杆状或棒状。

金瓜锤：是安上长柄的椭圆形锤子，上端有些像甜瓜，故此得名，形状与小说、戏剧中北方少数民族将领所用兵器类似。金瓜锤并非军中常用武器，古时多用于仪仗，"金瓜钺斧"是最具威权的皇家摆设。

枣逆槌：来源于日常生活，槌头形似枣子，密布竹签削成的尖刺，近似《水浒传》中"霹雳火"秦明所用的狼牙棒，但槌体要小一些、窄一些。并非军中制式兵器，多为小说、戏剧人物使用。

金刚伞：形状如同收拢的雨伞，改制成兵器后已不能撑开，攻击时可四面戳刺，防守中可上下抵挡。《浙江省体育志》载有"伞拳"，传为清康熙年间嘉兴竹里（今嘉兴市新篁镇）太平寺隐然法师反击抢掠百姓的匪徒时所创。五常金刚伞相传系洪钟以雨伞改制，不过既称金刚伞，必定与佛教有些关联。佛教中的四大天王也称四大金刚，其中的北方多闻天王魔礼红司雨，手执混元米伞，也称金刚伞。野史中太平天国翼王石达开战败后埋名江湖，以图东山再起，随身携带的就是一把铁伞。

李公拐：来源于日常生活用具，《中华体育文化史图选集》中称之为"拐"，五常人因其形似八仙中铁拐李所用拐杖而名，但下方伸出一叉。对五常水乡而言，这种拐更像小划船上支架和划桨的组合。李公拐用于武术，则成为亦棍亦钩的武器。

五常棍：是没有刃部之类构件的木棍，长约齐眉，如果是两根，则称"对棍"。来源于日常生活用具，五常许多农具的柄就是这种样子。棍多为民间武林所用，《水浒传》中押解犯人的公差往往持以防护，称水火棍，但不是正规军队用的兵器。五常棍劈、戳、挡兼用，变化多端，疾如霹雳，令人目不暇接，可以看到少林武术的影子。

3. 砍击结合器械

此类器械锤刃结合，砍、刺、击功能兼备，通常见于小说、戏剧，不是制式武器。

文耙：来源于日常生活用具，大约因为无刃而称"文"。主要部件是一排突出的齿状结构，五常农村翻晒稻谷用的谷耙几乎就是这个式样，也颇像《西游记》中猪八戒所用兵器。

武耙：来源于日常生活用具，两侧为突出的木齿，中间贯以一刃，有点像渔具中的鱼叉，五常人用起来驾轻就熟。

阳锐：来源于古代兵器，形状类似《水浒传》中"花和尚"鲁智深所使日月铲的一端。锐的正反两面中央为一虎头图形，两旁饰以仙草。据说虎为阳兽之王，刃面外突，外而为阳，故称阳锐。使用时以劈砍为主，亦可捶击。

阴锐：来源于古代兵器，形状类似《水浒传》中"花和尚"鲁智深所使日月铲的另一端。刃面内凹，如同新月，内而为阴，故称阴锐。据说狮为阴兽之王，因此锐的正反两面中央为一狮头图形，两旁饰以仙草。使用时以戳击为主。小说、戏剧中有阳锐、阴锐合于一条杆的,称日月铲。

笔艺爪:又称判官笔,小说中唐末十三太保李存孝用的就是这种兵器。其状如同一只握着毛笔的手——无名指、中指握住笔杆,拇指按于其上,食指、小指向前突出,笔尖伸向一侧,形成三个枪尖。这种姿态又似拈花说法之佛,故称"佛手"。

以前五常十八般武艺中的器械还有许多。上述十八件器械多有长柄,称为"长十八";柄较短的刀、剑、鞭、铜等,称为"短十八";三节棍、流星、索套之类以绳、链连接的,称为"软十八"。岁月久远,有许多不但实物无存,连正式名称都已失传。现在尚存但已不常用的器械有以下几种。

金刚鞭:为短柄器械,粗壮的杵杆配上向外突出的扁圆结节,以增加杀伤力。小说、戏剧中隋唐英雄尉迟恭、梁山好汉呼延灼用的就是这种兵器。

金装铜:为短柄器械,与金刚鞭相似,但向外突出的是方块状结节。小说、戏剧中隋唐英雄秦琼、宋代岳飞部将牛皋用的就是这种兵器。

木铐:原为古时戴于犯人双腕限制其活动的戒具,五常东南的东岳庙、五常的白庙都有展示。木铐一旦被武艺高强的犯人挣脱,则可成为反抗的武器。五常十八般武艺中把它作为器械之一,显然来自《水浒传》中武松大闹飞云浦的情节。

龙刀　　　　　　　凤刀　　　　　　　兄弟刀

三尖两刃刀　　　　龙鱼斧　　　　　　方天戟

大劈镰　　　　　　金瓜锤　　　　　　枣逆槌

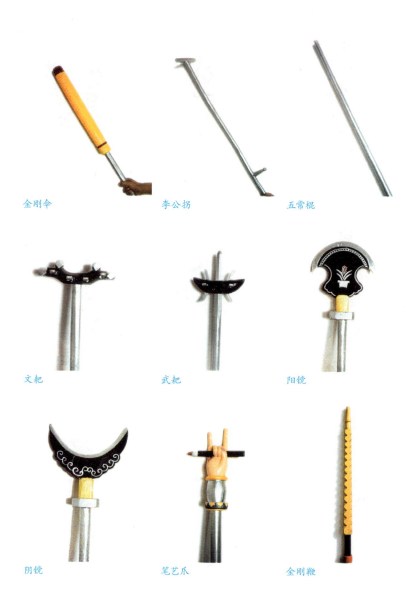

金刚伞　　　　　　李公拐　　　　　　五常棍

文耙　　　　　　　武耙　　　　　　　阳锐

阴锐　　　　　　　笔艺爪　　　　　　金刚鞭

以前的五常武术表演中，还有三节棍、铜棍、钢叉、长枪等器械，甚至家用条凳也是兵器，表演套路与李公拐有些相似，称为"凳花"。

[贰]五常十八般武艺的器械制作

五常十八般武艺并非用于实战，因此所用的器械均为木制。现存的十八般木制兵器有新、老两种。五常社区所存一套古代木制兵器已有约两百年历史，有些兵器表面有精美细致的浮雕、镂空雕纹，不过坚固程度不够，显然是用于展示、观赏的特制精品。现代的木制兵器均有色彩古朴、图案优美的彩绘或浮雕，没有镂空雕刻，因而经久耐用，既可观赏，亦可用于武艺切磋。其制作过程，大体有备料、取型、描图、雕刻、上漆、装配等环节。

备料：选用的木料有硬木、樟木、杉木等。硬木用于制作棍类，如青冈、白栎之类坚实而不易开裂的木材，小叶青冈为最佳，如用白栎，则在夏季杨梅成熟时砍取。樟木用于制作需雕图刻纹的兵器主要部件，樟木坚固，又有一定的韧性，而且防蛀，可以较长久保存。杉木坚固而有韧性，不易变形，可用作兵器柄杆，通常选择整株小杉树刨制，现也有用适宜的塑料钢管代替。

选好的木料需置于通风处半年至一年，待其充分干燥方可制作。

取型：木料取成板材，用纸板剪出器械轮廓作为模板，在板材

木兵器制作工具（叶华醒　摄）

上画出图形，锯成毛坯。为耐用和便于保存，现在也有以较薄的三夹板代替纸板。

　　描图：在取好的板坯两面描上图案。先用纸绘出母本，再用复写纸复于板坯上。现在多运用电脑复印技术绘制母本，既精确又方便。

　　雕刻：将复于板坯的图案刻成图形。一般为浮雕，五常社区所保存的古代器械中也有镂空雕制。刀类器械都有雕花，刀面整体近乎平板，常见图案有"龙吟九霄"、"丹凤朝阳"、"如意祥云"、"龙

木兵器雏形（叶华醒　摄）

首鱼身"以及象征吉祥的莲花、万年青、灵芝等。

打磨：器械大体制成后用砂纸打磨，使之平整光洁。

上漆：雕刻后的部件打磨光洁，涂上油漆。为使木制器械具有金属感，通常在表面施以黑、金、银色作为外观装饰。金粉一般用于龙、凤之类神物，刀面、手柄等有雕花的细部，则以彩漆绘上花纹。

古时制作木质器械，最后还要涂上一层柿漆，即使雨淋水浸也不易腐朽。五常社区所存的古代器械历时两百年，"文化大革命"时甚至沉入塘中多时，依然保存完好，所赖就是这层柿漆。

　　装配：给主要部件装上同样油漆过的柄杆。柄杆可以拆卸，以便必要时更换。

　　五常及毗邻乡村木质器械的制作艺人多为当地从事木作的能工巧匠，如五常街道友谊社区的俞金连、胡金火是知名木匠，仓前街道葛巷村的葛三毛是诸乡有名的船匠。他们以精湛手艺赢得群众的

俞金连制作木兵器（叶华醒　摄）

尊敬，具有一定的影响力。有意思的是，这些艺人都精于武术，无一例外都是十八般武艺演练的组织者、传授者或活动骨干，因而制作器械时心领神会、巧思妙想，器械也代有进步，越来越精美。

2000年五常建造广福寺，知名木匠俞金连应主事者之邀去新昌大佛寺参观学习。他见到那里的木雕兵器后大感兴趣，从中吸取艺术营养，在涂金着彩方面引入东阳、新昌艺术元素，并采用不少当代先进工艺，后来制作的器械不仅保留了五常的传统式样，且更加美观传神。他还专门为练武的儿童制作了一把小巧玲珑的大劈锁，非常适合儿童的体力和体型。

三、五常十八般武艺的表现形式

五常十八般武艺中，各种器械的表演各有套路，且讲究阵法，并伴以击打音乐，与生活密切相关，与民俗活动密不可分，融娱乐、健身、竞技于一体，是它的几大特色。

三、五常十八般武艺的表现形式

[壹]五常十八般武艺的基本套路

以"十八般武艺"一词概称使用武术器械的功夫,始见于南宋华岳编的《翠微北征录》,后来又出现"九长九短"、"六短十二长"以及"大十八般"、"小十八般"等多种说法。即使器械相同,"运用之妙,存乎一心",各家有自己的风格和套路。

五常十八般武艺使用的器械独特,种类繁多,相对应的武术套路各有特点,但都可分为亮相、展开、收势三个阶段。

十八般武艺表演上场后并非立即开打,而是先"请手",表演者端立持械,向观众拱手致意;如果双人对演,还要互相拱手,表达以武会友、向对方请教的谦恭之意。"请手"后敏捷地摆出一个武术

请手

持械请手式

步势，是亮相的造型，然后各种套路次第展开。

套路展开大体分上、下、前、后、左、右、正、侧等方位，有攻有守，转换自然，随着锣鼓节奏越来越激烈。有趣的是，砍杀用的刀斧类，除对练外，最先的套路是慢条斯理的磨砺动作，大有欲善其事、先利其器之意。

最后是收势，鼓手在鼓沿一记猛击，锣鼓戛然而止。息鼓而未偃旗，表演者收拢器械，恢复常态，再次向观众拱手施礼，实际上也是谢幕。如果双人对演，收势后首先互相行拱手礼。

各种器械的基本动作如下。

龙刀：操练动作主要有请手、磨刀、看刀、上马刀、下马刀、刺喉刀、削脚、下刀、挺刀、闩刀（又称大盘头）、拖刀、挑刀、刺刀、斩

青龙偃月刀表演

凤刀表演

刀、掰刀、摆刀、划龙起斗刀、收刀等等。

凤刀：与龙刀相配，操练动作主要有请手、磨刀、下刀、上马刀、看刀、挑刀、勾刀、斩刀、挡刀、沉刀、再挑刀、再下刀、顺刀、扫腿、削脚、收刀等等。

尚阳刀：操练动作主要有请手、磨刀、擦刀、看刀、上马刀、下刀、刺喉刀、削脚、挺刀、闩刀、拖刀、守腰、再挺刀、跳刀、收刀等等。

兄弟刀：因二人对练，又称"对刀"，操练动作主要有请手、马步、下刀、削刀、顺刀、转身下刀、追刀、刺刀、再顺刀、再下刀、插香刀、削脚、收刀等等。

三尖两刃刀：操练动作主要有请手、下刀、削刀、顺刀、看刀、闩刀、刺喉刀、再下刀、刺刀、收刀等等。

　　龙鱼斧：操练动作主要有请手、磨斧、看斧、顺斧、下斧、上马斧、削斧、再下斧、顺斧、再下斧、挺斧、斩斧、刺斧、再下斧、下马

三尖两刃刀表演

龙鱼斧表演

方天戟表演

斧、收斧等等。

方天戟：操练动作主要有请手、下戟、顺戟、转身、刺喉戟、下戟、收戟等等。

金瓜锤：操练动作主要有请手、亮锤、挺锤、左扫、右扫、盘顶、压顶、刺锤、斜削、收锤等等。

枣逆槊：操练动作主要有请手、敲槊、躲槊、挺槊、挑槊、沉槊、架槊、捅槊、再敲槊、再挑槊、左捅、右捅、踢槊等等。

文耙：操练动作主要有请手、下耙、削脚、顺耙、再下耙、躲耙、

金瓜锤表演

枣逆槌表演

侧耙、挺耙、刺耙、架耙、再顺耙、又下耙、刺喉耙、再下耙、削脚、收耙等等。

　　武耙：操练动作主要有请手、顺耙、上耙、刺喉耙、挺耙、躲耙、侧耙、跳耙、踢耙、挺耙、再躲耙、收耙等等。

文耙表演

武耙表演

　　阳锐：以向上劈击为主要动作，有请手、下锐、扫腿、盘头、顺锐、再下锐、撩锐、前刺、后戳、沉锐、挺锐、挡锐、再顺锐、又下锐、躲锐、缠腰、又下锐、收锐等等。

　　阴锐：以向下刺击为主要动作，有请手、下锐、削脚、顺锐、盘

阳锐表演

阴锐表演

头、又下锐、回头插喉、刺锐、盘头、再下锐、收锐等等。

笔艺爪：操练动作主要有请手、出爪、盘头、上马、回头插喉、转身挺爪、跳马爪、前刺爪、脱营、收爪等等。最后动作是"金鸡独立"，表演者的激烈动作骤然终止，双手持爪，单腿站立，保持平稳而且转换自然，难度不小。

笔艺爪既称"笔艺"，自然要展示写字动作。以往"金鸡独立"之前还有一套"书写"动作：爪尖直指前方，如钻头状猛力旋转，使尖端划出一个草书的"忠"字；五常社区蒋茂华整理的《笔艺爪谱》则为每个套路划出一个字，四门四字，相合成为"中华武术"，当是后来的演化。笔艺爪写字的招式不仅点出笔的功能，表达尚武爱国

笔艺爪表演

李公拐表演——金蝉脱壳

之情，也是力量的展现。这一招式如为金属兵器用于实战，钢尖刺入敌躯再猛力旋转，杀伤力之大可想而知。

李公拐：操练动作主要有请手、躲闪、腾跳、翻跟头、下拐、拉起、左右开弓、下拐、打拐、盘头、打拐、左右开弓、插冲拐、后插拐、盘头、挺拐、收拐等等。最精彩的动作是一手持拐，一手握住下方突出的拐把，形成一个狭小的圆圈，头和躯体依次向后钻过圆圈，称为"金蝉脱壳"。"脱壳"过程不但要保持身体平衡，还要做出多个攻防动作，连贯自然、一气呵成。

大劈锁：操练动作主要有请手、挺锁、下锁、顺锁、躲锁、再挺锁、插锁、拐锁、再挺锁、再顺锁、扫腿锁、盘头锁、进锁、大盘头、收锁等等。

金刚伞：操练动作主要有请手、戳、拐、顶、回顶、敲、躲、架、扫腿、收伞等等。

五常棍：没有刃部之类的杆状木棍，两人同练时又称"对棍"。

大劈锁表演

金刚伞表演

操练动作主要有请手、劈、盖、点刺、撩、刺喉、斜劈、扎刺、收棍等等,有些套路还赋予"仙人指路"、"二郎担水"、"拨草惊蛇"等既形象又富含艺术性的名称。例如"仙人指路"是以棍直指前方,窥测攻击方向,兼可吸引对手的注意力,收声东击西之妙;"二郎担水"以肩扛棍,看似优哉游哉,实际上静中蕴动,随时可以前刺后戳、左扫右劈;"拨草惊蛇"则是下三路寻求战机、攻防兼备的路数。

金刚鞭:按蒋茂华整理其叔祖所传《金刚鞭谱》,操练动作分为正、左、右、里四门,共三十六个招式,称为"三十六鞭",有的还赋予"灵官驱邪"、"观音拜佛"、"门神镇宅"、"推窗望月"、"金鸡独立"、"倒丁竖鞭"、"驱鞭赶月"、"连三鞭"等艺术性名称。"连三鞭"套路来源于隋唐故事中尉迟恭与秦琼"三鞭换两锏"的典故。

金装锏:套路与金刚鞭相似。

不用任何器械的拳术也是五常十八般武艺的表演项目,主要有侗关拳、四门拳、武松打虎拳等。五常练武者最喜爱打侗关拳,相传这种拳法由岳飞的老师周侗所创。侗关拳属少林外家拳,又融入南拳风格,下步扎实,发力勇猛,套路灵活多变,每一招有五六种打法。基本步势有钉步、马步、弓步、冲拳、伸掌等,招式有挺手、扫腿、抱营尖、连环踢、鹞鹰扑天、金龙探爪、双掌削腹、压膝兜肚等。侗关拳两人对练时称"侗关拆手拳"、"兄弟拳",称"拆手"大

侗关拳表演

约是因为某些招式腕掌相拨，带有太极拳风格。侗关拳最讲究步法稳、拳法准而巧妙，迅捷尚在其次，对打时退中有进，防守中隐藏杀机，斗智斗勇。主要招式有三请手、三扫腿等等。五常社区的蒋志财、胡林松是练侗关拳的师兄弟，对练时旗鼓相当，配合默契，非常精彩。

掌握五常十八般武艺需要勤学苦练，许多动作要领可意会而难言传，但最基本的套路还是很讲究章法的。五常武术前辈积累了丰富的经验，在同行交流甚至戏剧观摩中有所启发，不断自我提升。他们将这些心得一代代传承下来，至今尚有不少以刀谱拳经的方式留存。

以前，五常十八般武艺的刀谱拳经多在家族中的演练者之间相传，不轻易示人，目前尚存的刀谱拳经系清末民国初年以武术著称的五常蒋、胡二氏后人整理。这些刀谱拳经中有文字、有歌诀，甚至还有表格，其内容和器械名称与古籍中所见有很大不同，堪称五常十八般武艺的套路特色。

五常社区蒋茂华生前根据叔祖蒋胜泉、蒋胜友所传整理了《青龙偃月刀谱》、《笔艺爪谱》、《龙鱼斧谱》、《金刚鞭谱》和《四门拳经》。

《青龙偃月刀谱》文字与表格穿插。分前、中、后三个四门，每个为正门、里门、左门、右门，中四门又分四吊角，每个四门三十六

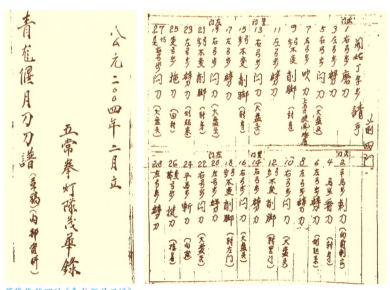

蒋茂华整理的《青龙偃月刀谱》

刀, 共一百零八刀。刀法有磨刀、看刀、上马刀（又称吹刀）、下马刀、斩刀、劈刀、闩刀、刺刀、削脚刀、拖刀、挺刀、划龙起斗刀、架刀、反挑刀、掰刀（两刀）、摆刀等, 基本步法有左弓步、右弓步、马步、平马步等。

《笔艺爪谱》文字与表格穿插, 简介中称笔艺爪"乃十八般武艺中最奇特的一种, 练习时难度较大"。全套动作分为"四门四吊角", 共三十个招式。虽然不是刀, 但套路仍称劈刀、闩刀、上马刀、斩刀、摆刀等, 基本步法有左弓步、右弓步、马步等。笔艺爪正门中

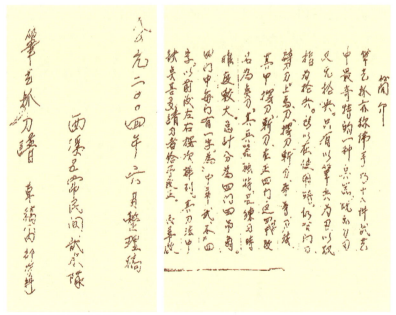

蒋茂华整理的《笔艺爪谱》

的摆刀、斩刀与其他器械的正门有所区别，称为"点刀"。

　　《龙鱼斧谱》文字与表格穿插。分前、后、左、右、再转前五套动作。基本步法有左弓步、右弓步、剪刀步、上步等。套路除了一般兵器共有的磨刀、刺刀、劈刀、看刀、闪刀、上马刀等外，"连三斧"、"龙灯甩"是独有的路数。"连三斧"显然是演绎"程咬金三斧头"的绝招；"龙灯甩"是大幅度挺身后弯腰，与舞龙灯的动作有些相似，出现于下马收营前的动作转换，用以展示使斧者力大无穷的气势。

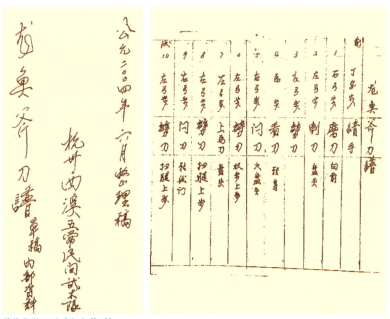

蒋茂华整理的《龙鱼斧谱》

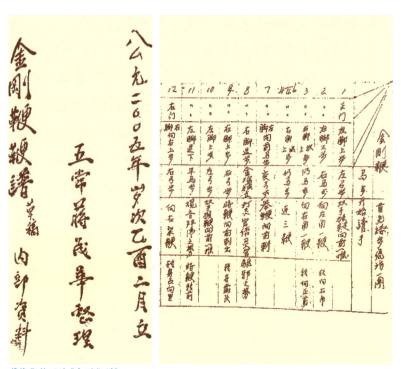

蒋茂华整理的《金刚鞭谱》

　　《金刚鞭谱》文字与表格穿插。分正、右、左、里四门，共三十六个招式。基本步法有左弓步、右弓步、马步、平马步、倒丁步、上步、下步及单足站立的"金鸡独立"等。基本动作有推、击、刺、架、挺、挑、扫等。鞭是门神镇邪利器，有些动作结合气势，又有前文已述的种种别称。

　　《四门拳经》是一些拳术口诀：

启步压膝手逼阴，出手猛地击胸膛。

浑水浊去兜腮打，双手拖塌来甩击。

高山猛虎柱钢桩，拦路虎身以手擒。

双手剪刀来坠下，紧跟旋风平拳打。

先请和合后抱拳，收回金鸡独立停。

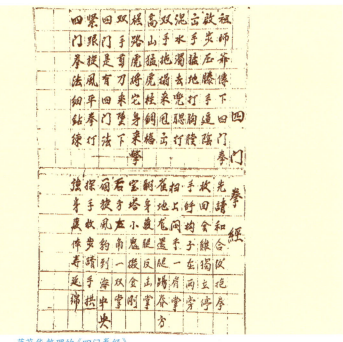

蒋茂华整理的《四门拳经》

手拿钩子在两旁，扫上闷手一肩掌。

雀地龙还腿踢春，翻身护腿反击掌。

宝塔小鬼掇金刚，后方左角一双掌。

旋风豹卧海中央，探手收步行礼长。

友谊社区武术团副团长胡金火将当年祖父胡友根所述的部分器械操练口诀加以整理，用以教学。内容涉及刀术、斧术、棍术。

龙刀

（开场）

童子拜佛一请手，磨刀便刀一拃刀。

蛟龙出水出正刀，白虎掉尾加闪刀。

青龙盘头转正刀，追刀轧腿三斩刀。

推窗望月一催刀，白猿拖刀一正刀。

（大四门）

敬刀三步一闪刀，青龙盘头回正刀。

关公施计一拖刀，斩刀轧腿一请刀。

跳出龙门一正刀，猛虎奔坡伴扫刀。（回正刀）

右左弓步冲刺刀，游龙退步出正刀。

（小四门）

放刀转门一正刀，泰山压顶一斩刀。

龙刀谱

开场

童子拜佛一靖手　　　磨刀 使刀一抹刀

绞水 出水 出正刀　　　白虎 掉尾 加闪刀

青龙盘 转正刀　　　追刀 轧腿 三斩刀

推窗望月一崔刀　　　白猿 拖刀 一正刀

大四门

敲刀 三步 一内刀　　　青龙盘头 转正刀

关公施计一拖刀　　　斩刀轧腿一靖刀

跳出布门 一正刀　　　猛虎奔坡样扫刀

右左弓步 冲刺刀　　　游龙退步 出正刀

小四门

放刀转门一正刀　　　泰山压顶一斩刀

海底捞月挺闪刀　　　雪花盖顶转正刀

斩头削郭一分刀　　　左手插腰右出刀

游龙退步 出正刀　　　削月郭转门一放刀

收场

白虎掉尾 回闪刀　　　青龙盘头 转正刀

崔刀下马一饿豹　　　通向南北定乾坤

胡金火整理的《龙刀谱》

海底捞月挺闪刀，雪花盖顶转正刀。

斩头削脚一分刀，左手插腰右出刀。

游龙退步出正刀，削脚转门一放刀。

（结尾）

白虎掉尾回闪刀，青龙盘头转正刀。

催刀落马一钱豹，通向南北定乾坤。（收势）

龙鱼斧

童子拜佛一请手，磨斧便斧一抨斧。

咬金亮出三板斧，捅开四门十二斧。

先打南北转东门，遂回西门得正门。

正斧转头一敬斧，遮头躲身段五花。

杀上削脚一分斧，拍斧左转花三斧。

正斧削脚三绕斧，挺出正门一跪斧。

追斧轧腿三再斧，左右挺出一闪斧。

青龙盘头回正斧，（缭花）

再打四门十二斧。（收势）

十八棍

高山棍子出少林。下挑地，地动山摇；上打天，天翻云滚。南点南斗摇翻身，北点北斗又翻身。直三笃，海底沉芯；猫换皮，偷梁换柱。东边点来西边点，襄衣背臂一笃棍。捅开乾坤定少林。

胡金火还回忆叔父胡阿正当年口述的拳法,整理出四门拳、杨家拳、武松打虎拳等拳法口诀。胡氏所传四门拳口诀与蒋氏有所不同,动作顺序也略有区别,但基本套路相似,当是流传过程中各自领悟、发挥形成的差异。

四门拳

四门请手打胸膛,勾子转手在两旁。

浑身掀起头山挡,就地金砖一肩撑。

双手擒来再掼出,雀地弄起一坐竿。

一落膝盖得荆州,双手跃起身来袭。

拿他小鬼掇金刚,再落膝盖守荆州。

双手金刀来扎穴,一股一掌风扫地。

一个拳崩海中央,脚踏乾坤又冲拳。

杨家拳

大郎空脑必须挡,二郎归隐退回手。

三郎劈开连三挡,四郎围困在萧邦。

五郎削发做和尚,六郎镇守三关将。

胡金火《拳谱》草稿

七郎转手在两旁，八郎架刀萧邦将。

（口诀中的大郎至八郎并非指杨家将的杨氏八兄弟，而是套路中的顺序。句中说的"事迹"是动作象征。）

武松打虎拳

武松跳出一擦拳，一股起腿一坐拳。

挥手踢腿虎掏心，一把拿进一肩掌。

雀地弄起一坐拳，乌龙喷血半鼻头。

浑身跳出一赤拳，丢弃靠牢离分散。

一个冲拳一眼搭，一躲跳出一赤拳。

丢弃靠牢离分散，冲拳收回一收势。

这些口诀算不上诗，武林术语与五常方言穿插夹杂，外人不太能懂，但对五常村民习武有很大帮助。每句口诀是一个动作提示，因此顺序不能颠倒，其中包含着许多人们耳熟能详的戏曲、小说情节，习武者很容易理解和记忆。

[贰]五常十八般武艺的基本阵法

阵法是古代征战中的兵力布置和运用方法，往往有出奇制胜之功。五常十八般武艺也讲究阵法，这在武术竞技中较为罕见，也是五常十八般武艺的一大特色。

五常十八般武艺阵法与军事层面作战用兵的布阵不同，基本性质是展示，阵势实为各个方向的一套动作，按其表演规模大致可分为以下几类。

一是各种器械操练和表演中展现套路的程序，分为东（左）、南（前）、西（右）、北（后）四门，按东、南、西、北顺序完成以横扫为主的各个动作。其中又分大四门、小四门，大四门动作繁多、变化复杂，小四门动作相对简单。除了四门，东南、东北、西南、西北四个方位各有一套以纵刺为主的动作，称为"四吊角"。龙凤刀阵、尚阳刀阵、金刚伞阵、大劈锁阵、玉手笔艺爪阵、大武耙阵大体都是如此。

二是多种器械对仗，如文耙、武耙、阴锐、阳锐四种兵器共同表演，为"文武阴阳阵"，现在也称"组合阵"。先是各自单独表演，继而文、武耙和阴、阳锐两两对打，然后四种兵器"混战"。此类多人操练的阵法还有"群刀会"、"日月阵"、

金刚伞阵法（黄德灿　摄）

大劈锁阵法（吴巧珍　摄）

"五连阵"等。

三是所有器械一齐上阵大战，称"威武阵"或"五常十八般武艺大操练"，各种乐器共同演奏，气势壮观，令人震撼。"威武阵"既是十八般武艺表演的压轴高潮，也是表演者向观众致敬的集体造型，用五常百姓的话来说，相当于戏剧中的"闹楼台"。

五常十八般武艺阵法在元宵灯会、庙会踩街巡游中充分展示。以武术表演为主的拳灯队伍，在行进中还要排出"前阵"、"梅花阵"、"单元阵"、"行路阵"、"一字长蛇阵"、"五连阵"等十多种队列。

十八般武艺大操练

[叁]五常十八般武艺的器乐伴奏

古代征战必有击鼓鸣金作为战斗的号令,击鼓而进,鸣金而止。五常十八般武艺演练同样不能缺少器乐伴奏,鼓乐起着指挥表演、烘托威势、营造氛围的作用。

五常十八般武艺中的锣鼓演奏,以往称"拳灯鼓",又称"长拳鼓",乐器为锣、鼓、钹,锣和钹以鼓声为指挥节奏的信号。司鼓者以槌把猛击鼓身三下,表演开始,燃放爆竹,表演者在锣鼓声、爆竹声中登场。开始时节奏较慢,表演者步态庄重,持器械向观众拱手致意。武术套路一一展开,锣鼓节奏逐渐加快,名曰"转板",又称"转

鼓乐器具

武术鼓乐传承人洪志豪

鼓乐相伴

会"。转板有"直角"、"细马"、"跳马"、"四边净"、"急急风"等，其中"急急风"由较慢转至最快，分"头急风"、"二急风"和"三急风"。表演达到高潮时颇有紧锣密鼓之势，最后司鼓者一槌重击，锣鼓声戛然而止，表示收兵，表演者再次向观众抱拳致意后退场。

演练时一般是中间两面鼓，两旁分别置锣、钹，排练阵容较大的"威武阵"之类时，正中还要加上一面比其他两面大三分之一的大鼓，两旁增设小锣（又称铴锣）、小钹，场面十分壮观。目前熟悉十八般武艺成套锣鼓演奏的，只有五常社区年过耄耋的洪志豪老人。洪志豪年轻时有音乐基础，对五常十八般武艺、五常龙舟等表演的锣鼓伴奏研究多年，整理出较完整的乐谱。以下是他整理的《长拳锣鼓谱》。

长拳锣鼓谱

的 立 ｜ 采 ｜ 仓 采｜ 仓 仓｜ 采 仓｜ 的 0｜ 仓仓 仓仓｜ 仓仓仓

仓仓仓 ｜

　　　　　　急急风中转板四句锣

仓仓仓仓 ……｜ 仓 仓｜ 仓 仓｜ 仓仓仓仓 ……｜ 仓 仓｜ 采 仓｜ 来

采 仓｜

(鼓笔)接长拳鼓

<u>八达</u>　<u>八达八达</u> ｜ 仓采 仓采｜ 仓采 仓采｜ 仓采 ……｜ 仓 采 ｜ 仓

采 ｜

　　　　　　　　　　　　　　　　　长拳鼓下转急

急风

仓采来采　仓采来采 ｜ 仓采来采 ……｜ 仓 采｜ 仓0 的立｜ 仓仓

仓仓 ｜

　　　　　　　　中转四句锣　紧接急急风　　紧收

尾

仓仓 仓仓｜ 仓仓仓仓 ……｜ 仓 仓｜ 仓 仓｜ 仓仓仓仓 ……｜ 采 —

｜

　　　接阴台（阴阳锣）　　　　　　　　　　阳锣一句　重

复打三次

仓 0| （鼓笔）的立| 采 仓| 的立 采| 仓 采| ……| 一的 一令
| 仓……|

的的| 仓 采| 一的 一令| 仓 一的 一令| 仓 一| 仓

仓 仓|

的 仓仓仓| 的 仓仓 仓仓| 令仓 一令 仓| 仓仓仓仓| 仓仓仓仓 ……仓

仓仓仓|

　收尾　　　　　　　　　　鼓笔　接出销　　　　　来回三次，越打越急

打四句锣

仓仓仓仓| 0| 的的 八达| 仓 0| 采采 七采 一采 仓 | ……|

仓仓仓仓|

　接急风　　　越打越急　　　　　　　四句锣收尾

仓仓仓仓　仓仓仓仓 | 仓仓仓仓　仓仓仓仓| 仓 仓 仓 仓 | 0 咚咚隆咚

仓0|

　　　　　　　　　　　　　下场落 "四边净"

的立 仓采 仓采 仓采| ……| 采 —| 仓0 0| 的 仓| 采 仓| —

来 仓0|

　　　　　　　止头（结束）

来采 一采 一来 仓| 的 采 仓| 来采 一来 仓 | 0

（的立、八达——清鼓；咚咚隆咚——二鼓；仓——大锣；采——

小锣；七——大小钹）

[肆]五常十八般武艺的特色

1. 与生活密切相关

五常十八般武艺的器械通常有十九件，不少源于生活中的器具，或与农具相似，如：文耙几乎就是晒谷用的木齿耙；武耙与当地的鱼叉相似；笔艺爪源于文房用品；金刚伞以雨伞改制；李公拐与装于支架的划桨类似；刀类虽是古代军中制式兵器，却与五常水乡的船桨十分相像，最典型的是五常龙舟胜会中全彩龙舟的避艄桨，其形状就是绘龙画凤的两把大刀。

五常十八般武艺贴近农村生产、生活和文化活动，当地群众有自然的亲切感。以往在五常，常可见到年轻人劳作小憩时，兴致一来就挥起谷耙、扁担舞弄一番，甚至稚气十足的男孩也会舞弄树枝竹梢，学着大人比试比试。

五常十八般武艺之所以与生活联系密切，旧时的农村文化生活值得回忆和研究。清人范祖述《杭俗遗

彩龙舟避艄桨与龙凤刀形状完全一样
（葛犇程　摄）

风》"声色类"中记述了杭州流行的文艺表演"大书",这种"一人独说,惟有醒木一块、纸扇一把"的表演,旧时五常一带的小镇茶肆中几乎处处都有,常年不绝。大书内容通常是《三国》、《水浒》、《说唐》、《说岳》之类,情感激越,情节起伏,往往令人难忍"且听下回分解"。男孩在游戏中常学着大书中的英雄好汉比试"武艺",甚至店摊中也会出售绘制各种人物脸谱的纸板面具,迎合"小英雄"们的喜好。这种氛围对五常十八般武艺的枝繁叶茂、代代相传,一定程度上起着推动作用。

2. 融娱乐、健身、竞技于一体

按《中国古代武术》中的分类,五常十八般武艺属套路类武术,融健身、防身、竞技和观赏于一体。它与搏斗类武术或旧时街头卖艺的武术表演都有本质的不同。搏斗类武术的目的是制伏对手,练武为的是生存,武艺高强、打得赢才能生存下去,打输了失去立足空间,就不得不卷起铺盖走人;旧时街头卖艺的武术表演则是一种谋生手段,对于表演者来说并无娱乐性可言。

江南地区自然条件较好,五常一带更以鱼米蚕桑之乡著称,除了大的自然灾害和社会动乱,大体可以保证粗衣暖、淡饭饱的生活。人们在劳作之余产生了对文化的渴求,于是出现了各式各样的文化活动,如拳灯、船拳、龙舟、舞龙灯等。国泰民安,百姓有了基本的生活保障,才会有节庆,才会出现庙会、灯会等民间文娱活动。回顾五

芦苇丛也是练武场

常十八般武艺的历史也可以发现，其兴衰与社会环境稳定与否密切相关。

3. 在民俗活动中延续发展

五常十八般武艺的主要活动平台是节庆和庙会，这些民俗活动也就顺理成章成为其传承纽带。

（1）元宵节

元宵是春节后的第一个节日，历来极为隆重。元宵节的标志是灯，正月十三上灯，十八落灯。田汝成《西湖游览志余》记载："杭州元宵之盛，自唐已然。白乐天诗云：岁熟人心乐，朝游复夜游。春风来海上，明月在江头。灯火家家市，笙歌处处楼。不妨思帝里，不合厌杭州。"南宋定都杭州，京城的元宵节自然更热闹，家家灯火，处处管弦，夜间金吾不禁。

"闹元宵"的中心内容是展示灯彩。周密《武林旧事》记载，南宋时京城临安宫中四处张灯结彩，"数千百种，极其精巧，怪怪奇奇"。《西湖老人繁胜录》云，庆元间"巷陌爪札，欢门挂灯，南至龙山，北至北新桥，四十里灯光不绝"。西溪虽在郊外水烟深处，但元宵灯会也十分热闹。明人释大善《西溪百咏·五庙》描述了西溪元宵夜放灯演剧的盛况：

> 五方五社几村烟，万姓祈禳大有年。
>
> 南宋同功埋剑甲，西溪分福祀山川。
>
> 家家社酒歌尧日，处处春耕喜舜田。
>
> 欲问英雄昔日事，请看元夜闹灯筵。

五常所在西溪一带，元宵灯会上有滚灯、龙灯、狮子灯、马灯、花灯、拳灯，统称"六灯"，各有特色——滚灯奇巧，龙灯大气，狮灯灵活，马灯奔放，花灯优雅，拳灯威武。虽称六灯，但除马灯、花灯外，表演者大多是拳灯班成员，而且表演中的不少动作与武术有相通之处。

滚灯由内外两个竹编的圆球组成，装上铁棱，内点蜡烛，外装响铃，球心有铁制灯座，球体滚动时烛光不熄。红、黑二队表演"松子岭"、"一支香"、"霸王起顶"、"吊插花"、"双跨马"、"单跨马"、"盘腰"、"老鼠咬蛋"、"蓑衣背肩"、"小孩带人斗"、"毛虫落火缸"等套路。民国时杭州西郊托滚灯著称的艺人洪长法、蒋春贵、蒋阿朋等均来自五常，表演时滚灯发出清脆的声音，上下左右流光溢彩。

龙灯用竹、木、夏布或白色纺绸布制成，长九节或十二节，不能少于七节，闰年要十三节。表演时以龙珠引导，伴以锣鼓、烟花、爆竹，穿街过村，边走边演，还有双龙对舞的。

狮子灯多姿多彩，用高山狮毛草扎成的绿毛狮子更是威风凛凛。狮灯分文狮与武狮两种，文狮动作文雅，武狮与武术结合，动作勇猛。白象狮灯是群狮中夹着一头白象，狮子的翻滚跳跃与白象的稳健步履相映成趣。

马灯又名竹丝灯、走马灯、跑马灯，一般是四名演员挂上竹马，装扮成包公、关公、杨六郎等古代文官武将，一路行进。

花灯用竹篾扎制，也有用纸或绢糊成，绘上花鸟人物，形状有六角、八角、方菱形、莲花形等，琳琅满目。多由女童表演。

闹元宵时，五常一带村民拿着木制器械上街表演武术，称为拳灯，是六灯中最精彩的节目。宋代孟元老《东京梦华录》描述过北宋时期元宵灯会上的武术表演，也持木制兵器，但"琴家弄令，琴声四起"，在旗帜引导下象征性地对打，这种轻歌曼舞实际上是舞蹈。

南宋时临安元宵灯会上的武术表演，也大抵如此。而五常一带元宵灯会上的武术表演气势雄浑、器械丰富、动作激烈、套路繁多，为宋明文人笔下鲜见，当是后来融入灯会的。

踩街相当于元宵灯会的开幕式，踩街队伍由十八般武艺表演打头，流星开路。流星有火流星、水流星、铜钱流星、沙包流星等，表演者往往就是十八般武艺演练成员。民国时，五常洪寿水、蒋锦华、蒋阿鹏擅长响叉，洪掌法、蒋顺桂擅长滚灯，打头的徐根顺、蒋沃腊、蒋六毛、蒋金云等都是知名拳师。

(2) 庙会

庙会是地域性的集体庆典，旧时五常一带颇为流行。《管子·乘马》："方六里，名之曰社。""社"是古代地方基层单位，旧时钱塘西乡、余杭东乡的"社"，习惯上由当地的土谷祠庙"管辖"，村中各种民俗往往以祠庙为中心。

五常最有影响的祠庙是道社庙和白庙。道社庙管辖之地分为五个"社"，每社包含若干村庄：头社为石塘角西南的周家村，二社为仲家村、御田里，三社为仲家埭、沈家埭、金家塘、吴家埭、蒋家门等，四社包括蒋家埭、洪家埭、断桥头、陈家埭、鱼家埭、万家埭、陶瓷兜，末社包括蒋家漾、计家湾、姚家村、杨家门、蔡家塘、邱家桥、南河头等。今属蒋村的龙头漾、董家湾、章家桥，亦由道社庙管辖。白庙管辖七社：庆春社，即白庙河东、河西；天香社，即东陈角、西陈角、张家埭、徐家埭、顾家桥河东；南安社，即沈家村、赵家埭、万家埭、姚家港；丰乐社，包括田肚里、唐家斗门、沈浜口；水游社，包括大龙舌嘴、小龙舌嘴、朱家门、水车头；东兰社，包括白庙东关、白庙西关、旗竿埭、唐家里；成丰社，包括邬家湾、新桥头、何家桥、唐家河头等。白庙还管辖罗家庙、观音庵、善庆庵、天福庵四座小庙。

旧时道社庙、白庙在百姓心目中颇为神圣。龙舟胜会时，装配完毕的龙舟首先要划到所属祠庙附近向神"禀告"；老人寿终正寝，家人要去庙中求取牒文，也就是前往"冥府"的"通行证"。至今五常及毗邻的仓前还流行"点岁烛"习俗：农历七月三十夜，嫁出去的女儿要回娘家为健在的父母焚香点烛，按父母年龄，每岁一份，从家门沿路插至本村所属祠庙，据说可使老人百年后黄泉路上光明相照。

群众最企盼社会稳定、生活幸福，迎神赛会就是表达这个愿望的最隆重的方式。迎神赛会又称庙会，一般在该神生日或其他纪念日举行，热闹非常。庙会有两类，一类是"坐会"，善男信女前往供奉神灵的祠庙参拜；一类是"巡会"，将神灵偶像抬出祠庙巡街、巡村。种种程序和活动，实质上是敬神、娱神，祈求风调雨顺、一方平安。

西溪一带迎奉的神灵，一是宗教或神话中的神佛，如东岳大帝、观音菩萨；二是被神化的历史人物，如关帝、包公、伍子胥等；三是为地方作出贡献的英雄、先贤，被后人尊为护佑本地之神。西溪

庙最著名的祠庙是法华山下的
东岳庙，供奉掌管天下人生死
的泰山之神东岳大帝。相传农
历三月二十八日为东岳大帝神
诞，旧时西溪于此日举行东岳庙
会，各种庙会中以东岳庙会规模
最大。

东岳庙中的东岳大帝像（葛犇程　摄）

东岳庙会又称"云香会"。
据清代王同《武林风俗》记载：
"三月二十八日，东岳帝君诞
辰，从定光桥进路者，为东岳
庙，从古荡进路者，亦为东岳庙。是日百戏竞集，观者如墙，所为杂
剧、清乐、耍词、小说、蹴鞠、拳棒之属。"

旧时五常一带影响最大的土谷祠是灵慈庙、道社庙。灵慈庙有
正、别两个，祀奉的是南宋初年的善士戴隆，又称"灵慈"。正庙位
于留下市集之旁，系南宋乾道年间季姓所建；行祠在白荡滩，即今
五常街道友谊社区域内。道社庙位于五常村东北部，原名道仁土地
堂，相传明朝重臣洪钟回乡，首出俸资组织乡邻在原址扩建，并改
名为道社庙。道社庙最初为洪姓家庙，后来由于洪钟的声望，道社
庙成为众姓共祀的神圣之地，洪钟也成为洪家埭周边村庄共同的

西溪东岳庙（葛犇程　摄）

村祖。

　　庙会上最威武的是簇拥着神像的仪仗，直至民国时期，西溪不少祠庙都配备有迎神赛会用的全套仪仗，被百姓称为"銮驾"。鸣锣开道中举着各种器械的五常十八般武艺队伍，就是显示神威的仪仗队。

　　庙会活动中，十八般武艺除在踩街时展示外，也在固定场地表演。巡游、踩街时，人手一器，边走边舞；固定场地表演有单人出场，也有分组对打。据年轻时参加过庙会展演的西溪文化研究者洪大根、武术前辈胡连宝等老人回忆，五常十八般武艺团队在蚕王庙

天曹庙会

天曹庙会，因天曹庙的建之而形成，是一项余杭人镇百姓为纪念沿水县令陈西而举行的潜人想组活动，始于明末清初，据《余杭文物精品录》记载，"二月望日，为纪念陈明府若显显。即南湖滨的庆天曹庙，住俚庆祭迎神，前后二四日间，挑旗麟间，演潮成戏，杂技争奇，数十经大剧令，数十异异之，行行台上，。段剔山车剧，用数拿千层次凯殿，作怖殿长宫及采兰酬兮号台，争奇斗妙，以故男女士女膜呼啦杭，龙街军卷。"

由于余杭镇位于天目山下游，东苕溪之滨，天目方出之水均汇东苕溪而下，每逢梅雨季节。常常山洪暴汛，冲溃溪途逢水。庄稼遭洗，严重危害当地百姓的生产和生活。汉代余杭县令陈浑深恨心民生，率当地百姓并修湖湖塘，疏水患。有效缓解了水患，从此使百姓远洪洪涝灾，凌靥安乐。为纪念和彰颂浑造出这些为民的杰出功德，明末清初时期，当地士种知百姓在余杭镇南湖湖塘建起了陈明府祠，俗名"天曹山"，并在祠门中、南宋河涨建起《小天曹山，清乾隆二十六年（1761年）余杭知县陈梦桓，的前着将经了天曹庙并在园林翻建了一座天曹山。

因余杭县令陈浑的退后日为农历二月十五。

（右栏，难以辨认的文字）

《余杭民间艺术大观》中的天曹庙会

会、龙王塘庙会、蒋相公庙会、兴福庙会、白庙包公庙会、南河庙会以及长桥方山庙会、蒋村三方庙庙会、仓前张老相公庙会、余杭天曹庙会、良渚东岳庙会上都表演过。

（3）端午龙舟胜会

端午节的龙舟胜会是五常一带闻名遐迩的民俗盛事，也可以说是迎奉龙王的水上庙会。参加龙舟胜会的龙舟多种多样，最吸引人的是满天障龙舟，又称全彩龙舟。这种龙舟两舷插着木制的"十八般兵器"，其式样与五常十八般武艺的器械几乎一模一样，只是为与龙舟匹配而尺寸较小。清代钱塘人范祖述的《杭俗遗风》"龙舟竞渡"记载了这种龙舟，并有"旁列十八般武艺"的描述。

　　船拳流传于杭、嘉、湖水乡蚕区，在五常一带可以说是十八般武艺的水上表演。两三艘大木船并排，用跳板相互撬住船帮，形成一块水上大平台，称为"撬帮船"，用于演武，俗称"拳船"、"擂台船"。船舱挑扎彩楼，平台上搭起高台，船身遍插彩旗。两员骁将执篙而坐，维持船的平衡，防止船身搁浅；中间放一张小长方桌，外面两侧置威武架，插十八般器械。十八般武艺轮番表演，中舱内设锣鼓手。

　　明末清初，石塘角沈阿毛等人在同族子弟中传授船拳，深潭口

彩龙舟上的十八般兵器

一带习武之风盛行，并流传到周边地区。据说当时西溪范围内有拳船近十艘，习武人数达一百五十余人。五常白庙前（今属友谊社区）的拳船在民国时也很有名气，目前在西溪国家湿地公园内表演船拳的，就有五常街道友谊武术团的成员。

四、五常十八般武艺的保护与传承

五常的尚武历史悠久，形成代代相传的武术家族。开展非物质文化遗产保护工作以来，建立了政府主导、武术团体为基础、展示平台为依托、文化团体研究、专家指导的立体保护机制，五常十八般武艺的保护、传承、弘扬取得了丰硕的成果。

四、五常十八般武艺的保护与传承

[壹]五常十八般武艺的文化价值

1.体现乡里和谐

五常十八般武艺实现了洪钟改良民风的初衷。习武村民恪守"练武先修德，学拳先做人"的信条，前辈教人习武的第一课是告诫学生切不可恃武欺人。五常不乏武艺高强者，但从未听说过恃武凌人的事情。清末五常白庙河西曾有习武之人制伏凶悍的盗贼、防卫过当致贼重伤，被人斥为"胜之不武"，至今仍受非议。这一事例在五常练武者中代代相传，引以为戒。展示武艺时，习武者上场第一个动作就是持器械施礼，称"请手"，退场时也要向观众致礼，与人合练还要互相致敬。这些动作都体现了五常十八般武艺的文明礼貌风格。

五常十八般武艺表演，追求的是祥和喜庆，表演者被视为吉祥使者，颇受欢迎。团队到过的村庄，平时相见也分外热情，如同亲戚。节日里村民凑在一起，敲锣打鼓到各个村落表演一番，图个热闹。铜锣敲到村民家，说几句吉利话，东家会觉得很有面子，观看者也兴高采烈，是营造节庆气氛不可缺少的一环。

　　五常十八般武艺的练习和表演，既为健身和娱乐，也是展示才能的机会。年轻人在表演中出类拔萃，就会被人刮目相看，成为当地的明星。哪个村庄的武术表演精彩，往往是茶店酒肆中的热门话题，同村人都觉得光彩。

　　五常十八般武艺表演不单是武术团队的活动，更是事关整个村庄荣誉的大事，表演团队就是村庄子弟兵。团队收入除了所到村庄的犒赏，还有村内农户的自发赞助。团队成员情同手足，平时生产、生活中一家有难举团相助，实际上也是全村庄施以援手。若发生邻里纠纷，武术演练时都会放到一边，演练往往成为化解矛盾的契机。

　　五常十八般武艺器械上的龙、凤、蝙蝠、仙草、万年青、祥云等图案，都是吉祥的象征，狮、虎之类猛兽除了体现威武勇猛外，也包含着驱邪趋吉的意义。这些内容显示着五常自古以来淳朴善良的民风和百姓对祥和、幸福的追求。

2. 弘扬优良传统

　　五常十八般武艺的发展过程体现了爱国保乡、追求进步的精神。五常一带的拳灯会在推翻清朝封建专制的斗争中作出过重要贡献。据1992年版《余杭镇志》记载，光绪三十三年（1907）四月，绍兴秋瑾、王金发将各地会党组成光复军，派人与拥有徒众千余的余杭拳灯会首领王小法联系，约期起义，梧桐村（今属闲林，与五常毗邻）拳灯会拳师周春生为先行官。后起义失败，王小法、周春生在通济桥北塊为清军包围，奋力搏杀被擒，王小法惨遭杀害，周春生终身监禁，直至辛亥革命后才出狱。

1937年抗日战争爆发，余杭县城民间习武组织国术教师沈致祥，教习冯兆骏、萧守三等三十余名青年自发组织大刀队训练，准备抗击日寇。萧守三后来担任随军医官，在宜昌保卫战中弹尽粮绝，宁死不屈，英勇殉国。余杭抗日英雄鲍自兴所部在杭州观音桥勇擒日本兵，参战者中就有仓前连具塘的习武者。据村民回忆，五常、仓前、和睦梧桐村都有习武者参与打击日本侵略者的行动。

3. 传递历史文化信息

五常十八般武艺虽是武术，但其中蕴藏着许多关于民俗、戏曲、小说等文化内容的历史信息，是一座挖掘西溪乃至杭州历史文化积淀的富矿，某些民俗在其他地方已难得一见，算得上是历史人文的活化石。

五常十八般武艺发端于明代，现存的器械名称和纹饰、套路的操练谱诀，透露出在其传承发展过程中渗入了戏曲、神话以及《三国演义》、《水浒传》、《西游记》、《说唐》、《杨家将》等古典小说的元素。

五常十八般武艺与水浒故事有关之处尤多，《水浒传》后半部事涉杭州一带，发生在西溪的事件特别多。西溪的水网风貌、尚武风俗与《水浒传》中许多情节吻合；宋江与方腊在杭城大战，与西溪相关的许多地名至今犹存；说起十八般武艺，现年七十岁以上的男村民大多记得年轻时摇船常常经过"梁山坟"，就在五常东北十几里、拱宸桥外运河西岸的谢村。杭州人世代相传，那几十座荒坟是水浒好汉长眠的地方。近年不少研究者认为，《水浒传》的原型地"水泊梁山"应该就在包括五常在内的西溪一带。五常十八般武艺的器械、套路有不少地方与水浒人物存在明显的联系。

五常十八般武艺的器械、套路中还包含着许多与三国、隋唐故事相关的细节，显然受到了这些题材的小说、戏剧、评书的影响。在这些表演艺术中，以评书中的武术内容最为丰富。史料记载，南宋时杭州已经流行与评书相近的"说话"；清代至民国，连乡村集镇都可见到茶馆里"说大书"的艺人，这道江南水乡的风景线直到"文化大革命"才消失。

上述种种表明，深入了解五常十八般武艺，不但有助于了解五常民间武术的历史因缘，而且对研究传统名著早期流传及影响力也具有一定价值。

4. 积累民间疗伤知识

五常十八般武艺的训练和表演大多使用木制器械，伤筋动骨虽不多见，肌肉损伤则难以避免。五常周边的中医一般都有治疗跌打损伤的本领。五常北面萧家坝的萧剑秋是祖传的外科医家，治疗跌打损伤有较丰富的经验。萧剑秋在五常、仓前、双桥三地之交的长桥行医数十年，当地颇有人耳濡目染，学到了一些疗伤知识。萧剑秋的弟弟萧守三在上海师从仓前籍名医葛子诒习中医内科，也精通治疗创伤，而且还精于武术，曾在余杭县抗日后援会担任国术教练。五常白庙的胡定永专治外科疮痈，也擅长治疗跌打损伤。民国时邬家湾伤科中医胡杏法也是习武之人，治跌打损伤在周边小有名气，将当地河中石蟹排出的珍珠状物加入中药材自然铜研粉，置于杉树皮上固定，是他治疗骨折的特色方法。五常的中医沈锡隆懂一些武术，专治跌打损伤，擅长接骨上骱。

五常群众在日常生活中积累了许多治疗小伤小病的方法，其中不少习武之人以草药贴敷、拔火罐、针刀挑治治疗跌打损伤的经验尤为丰富。民国时白庙村的胡云清既会武术，也懂草药，常用某些草药治疗跌打损伤。这些方法大多在家庭、邻里间口口相传，就地取材，简便易行，有时候还真有救急之功。五常农家宅院种养的花木、附近山丘的野生植物，其中不少有药用价值，需要时信手可拈，可用于治疗跌打损伤的在练武人群中流传尤广，兹举数例。

凌霄花：又名倒挂金钟，紫葳科落叶木质藤本，长于山谷、溪边，借气根攀缘于石壁、墙边、大树。因其枝繁叶茂，花红如榴，五常农家庭院多有栽培，用作护墙、观赏。入药用其花，夏秋花盛时采摘。性微寒，味辛。功效活血破瘀、凉血祛风，常捣烂外敷，治疗跌打损伤和风湿肢痹。因易致堕胎，孕妇忌用。

　　栀子：又名黄栀子、山栀子，茜草科常绿灌木，长于向阳山坡灌木丛中。性寒，味苦，功效泻火除烦、清热利湿、凉血止血。根及成熟的果实均可入药。果实于9至11月成熟呈红黄色时采收。民间常将

常用草药凌霄花（葛犇程　摄）

常用草药栀子（葛犇程　摄）

常用草药水蜡烛草（葛犇程　摄）

栀子捣碎，以面粉、鸡蛋清和成糊状贴敷伤处。

　　水蜡烛草：又名蒲草包、香蒲草，香蒲科多年生草本，长于荒塘边或沼泽地中，今日五常仍随处可见。水蜡烛草夏末生发的穗状花序宛如蜡烛，剥取其内的絮状物敷贴刀伤创口，可止血消炎，促使伤口愈合；晒干点燃还可驱蚊；采摘晒扎后筛取花粉，就是中药蒲黄。

　　蒲公英：又名黄花地丁草、羊奶草，菊科多年生草本。路边、田野、草地极为多见，春季至秋季均可采收，连根挖出，全草入药。性寒，味苦、甘。功效清热解毒、消肿散结、利尿通淋。

　　十大功劳：又名枸骨、刺黄柏，小蘗科常绿小乔木。五常一带多为庭院、园内栽培作景观，民间常取其枝叶，剪去叶刺捣烂，贴敷治疗跌打损伤。十大功劳根茎、枝叶均可入药，性凉，味微苦，有凉血、退虚热、强腰膝之功效。《中国医学大词典》还将其称为"活血散瘀、坚强筋骨之专药"。

凤尾草：多年生蕨科草本，长于阴湿的墙缝、石缝、井壁、溪边。夏秋采收，全草入药。性凉、味微苦。功效清热解毒、凉血止血，并有利湿之功。

十大功劳

茅膏菜：又名落地珍珠，茅膏菜科多年生草本。长于山区林下、山坡阴湿草地，五常有人在园内种植。春夏采收，取其块根入药，仅供外用。性温，味辛，有小毒。功效活血散结、止痛。据说鲜品有腐蚀性，采集时不能直接接触。全株去除苗叶，将根埋于沙土内，可保存数月。

　　上述种种，其实用价值在科技发达的今天已逐渐弱化，但历史上对群众保健起过一定的作用，对了解五常传统医药和民间医药知识的产生和发展也有一定帮助。

[贰]五常十八般武艺的保护

1.政府保护

　　2005年8月1日，余杭区人民政府在五常村建立洪氏文化研究办公室，由洪大根担任顾问，开始系统整理、研究五常传统的十八般武艺与龙舟胜会等民俗活动。

　　2005年11月，五常十八般武艺的旧称"五常拳灯"被列入第一批余杭区非物质文化遗产名录。2006年12月，五常十八般武艺被列入第一批杭州市非物质文化遗产名录；2007年6月，被列入第二批浙江省非物质文化遗产名录；2011年5月，被列入国家级非物质文化遗产拓展项目。

　　五常十八般武艺被列入非物质文化遗产名录后，各级政府相关部门进行了代表性传承人的认定工作，胡天喜、胡乔泉被认定为五常十八般武艺代表性传承人。五常街道十分重视对非物质文化遗产传承人的扶持、帮助工作，为传承人申请各级传承人身份认定和资金补助，搭建平台开展交流、教学等活动，并定期走访传承人，调查并尽力协调解决在非遗传承中遇到的问题。在老一辈传承人普遍年老体弱、新一代传承人数量较少的情况下，街道主动出面化解难题，鼓励老一辈收徒授艺，吸纳青少年参与，并在五常中心小学建立了传承基地。近年来还组建了一支女子传承队伍，这在五常十八般武艺历史上是破天荒之举。

2006年，五常街道、五常社区投入十万元建立古兵器陈列室，存放木制仿古兵器六套，用于展示和演练。同年，在五常社区建立面积三百平方米的水上训练台，扩大了武术团队训练场地。2007年，余杭区人民政府投入十万元，组织力量深入挖掘、整理五常十八般武艺，并建立档案，录入数据库。

2007年7月，余杭区以五常为试点进行非物质文化遗产普查，对五常十八般武艺作了较全面的整理。在原有资料的基础上，组织力量对十八般武艺进行专题调查，深入采访民间艺人，全面搜集资料，深入挖掘传统武术套路，弄清兵器图案来历及含义，整理成文，绘制成图，形成完整的资料以供传承。采用文字、录音、录像、数字化等手段，对十八般武艺的表现形式进行真实、系统、完整的记录，建立起十八般武艺历史沿革、传承发展、兵器介绍、表演套路、表演阵式、传承谱系、活动资料等完备的立体档案，并继续创造条件，建立资料数据库。

按照每个省级以上非遗项目都要有一个保护方案、一个专家指导组、一个工作班子、一个传承基地、一个展示平台、一套完备档案、一册普及读本、一项配套政策的"八个一"要求，五常街道制订和实施非物质文化遗产保护计划，将十八般武艺保护列为文化发展重要内容。在五常中心小学建立传承基地，学校、街道、村落联动，课堂教学、传承人传授、学生体验相结合，建立小学十八般武艺兴趣团队，培养武术人才，做到有教学计划、有校本教材、有教学老师、争取有教学成果。经过几年努力，基本实现了计划目标。十八般武艺专家指导组以杭州市武术协会会员、民间武术传人等为主，共同研究五常十八般武艺的保护、传承和发展事项。同时把五常十八般武艺的保护传承工作纳入街道考核指标，对贡献突出的人员实行奖励。

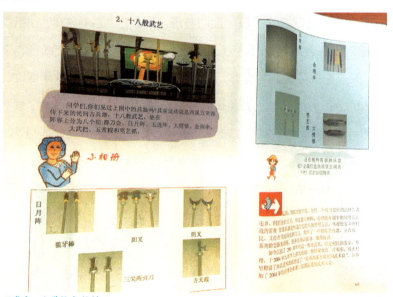

随着城市化进程的加快，近些年五常街道的环境变化很大，也给保护包括五常十八般武艺在内的民间传统文化带来了新的难题。人们的文化生活日益丰富，文化需求趋于多元，年轻人对传统武艺的兴趣有所减弱，培养新的传承人面临诸多困难。五常街道在开展传承保护中探索多种方式。

首先是组织力量，对十八般武艺进行专题调查，为建立资料数据库创造条件。在全面调查的基础上，整理制作出十八般武艺的拳谱画册，编纂出版专著《五常十八般武艺》，扩大相关普及读物的发放渠道和宣传面。由五常文体中心牵头、五常中心小学负责编写的通俗易懂的乡土教材《五常十八般武艺》，发至辖区学校。

五常十八般武艺资料档案

其次是强化传承基地的建设。进一步抓好五常社区的项目传承基地，巩固发展十八般武艺民间团队，做到有传承场所、有传授人、有传承计划、有经费保障。在五常中心小学建立十八般武艺传承教育基地。学校、街道、村落联动，课

堂教学、传承人传授、学生体验相结合,培养武术人才。在西溪湿地
公园内建立十八般武艺原生态保护区,保护好其自然生态环境和人
文生态环境,充分依靠西溪湿地公园的旅游优势,让十八般武艺与
旅游业融合,设立十八般武艺表演点,采取旅游门票收入回报的方
式补助艺人,既增加了西溪湿地旅游的传统文化氛围,也在更大范
围内扩大了十八般武艺的社会知名度,为其可持续发展增添动力。

　　第三是大力培育非遗传承人,通过召开传承人座谈会、代表性
传承人考评、表彰等方式,激发传承热情。切实解决传承人在传授
活动中的困难,为他们提供传承条件。对传承人发放补贴,鼓励积

老、中、青结合的五常武术团队

极传承。加强对民间十八般武艺武术队的管理和扶持，积极培养青少年传承人，吸收年轻人进入武术队，做到后继有人。

第四是积极拓展宣传展示平台及方式。进一步征集相关实物资料，充实西溪湿地"五常人家"展示馆中十八般武艺展示内容，扩大宣传效应。巩固洪氏祠堂前十八般武艺演练广场，为传承发展提供固定场所。完善五常中心小学十八般武艺展馆，让学生全面了解和认识五常十八般武艺的传承历史、传统表演套路，体验武艺表演。每年定期举办文体活动，在丰富群众文化生活的同时，为五常十八般武艺搭建展示、宣传平台，交流武术技艺。以多种形式宣传普及十八般武艺，促进其保护、传承和社会共享。

第五是积极组织武术队参加各级相关表演展示活动，在交流中提升五常十八般武艺的表演水平，在继承传统的基础上，积极培育十八般武艺精品，努力形成更大的品牌效应。

第六是继续发挥政府在保护工作中的主导作用，将十八般武艺保护工作纳入政府社会经济发展规划，列为文化发展重要内容。五常街道办事处建立领导班子，负责十八般武艺保护传承工作的实施。街道每年安排一定数量的专项资金，用于传承基地建设、传承人培养、赛事举办、普及读物出版等。充分发挥社会团体和民营企业的作用，鼓励以各种形式保护十八般武艺。在五常街道办事处的支持下成立了杭州西溪（五常）民俗文艺家协会，成员中有不少是五常十八般武艺的活动骨干和整理工作的热心人，加强了五常十八般武艺传承弘扬的力量。五常十八般武艺的保护传承工作已纳入街道考核目标，街道对贡献突出的人员以及参加各类比赛、展演获得荣誉的团队和个人，按情况给予一定奖励。

2. 民间保护

洪钟所传的兵器原供奉于五常村的道社庙，后因战乱遗失。据已故的五常村民蒋茂华生前所述，现存的一套木制古兵器从其祖上保存至今已历二百年，世代奉为至宝。

"文化大革命"中，十八般兵器被人抄去，差点付之一炬。村民蒋国民、蒋金贵、洪文根、蒋正明等冒险趁夜取回，藏在柴垛中；后又怕不保险，将兵器绑上大石，沉入自家门前水塘，上覆水草遮盖，风声过后再转移到成分好的村民家中隐藏。1978年，秘密保存十多年的十八般古兵器终于重见天日，不久后五常村民恢复十八般武艺操练。

2003年至2004年，西溪湿地公园开发，五常老干部洪大根等认为可以挖掘五常村（今五常社区）的洪氏先祖事迹、洪氏文化遗产，形成旅游景点，向上级有关部门提出介绍五常龙舟和十八般武艺的建议。从自小随祖父习武的五常村民蒋茂华那里了解到钦贤乡、御田里等地名来历，五常群众自古酷爱练武等往事后，洪大根去余杭区政协、史志办提供了相关资料。2005年，有关部门编写西溪史料，将五常十八般武艺写入了洪氏文化内容。

2004年2月，五常拳灯队老队员蒋茂华将叔祖七十年前所传刀法整理成《青龙偃月刀刀谱》，作为内部资料使用。当年6月及2005年2月，蒋茂华又整理出《笔艺爪谱》、《龙鱼斧谱》、《金刚鞭谱》，为十八般武艺的传承作出了重要贡献。

友谊社区胡金火将祖父所遗、叔父胡阿正口传的《少林十八棍》棍谱以及《四门拳》、《杨家拳》、《武松打虎拳》等武术套路回忆整理，形成文字。

[叁]五常十八般武艺的传承

1. 家族传承

五常一带有悠久的尚武历史，不少家庭武术气氛浓郁，在长辈的熏陶下，儿孙辈自幼就对武术产生兴趣，形成十八般武艺代代相传的武术家族，至今影响较大、传承谱系较清晰的有五常社区蒋氏和友谊社区胡氏。

蒋氏家族世居五常中部的蒋家埭，其十八般武艺传人主要分布在今五常社区。现能追溯到的最早一代是蒋胜泉、蒋胜友兄弟，他们生活于清光绪年间至20世纪30年代，十八般武艺样样精通，后将武术传授给侄孙蒋茂华，至今已传承五代。

蒋茂华七八岁时就跟着叔祖公蒋胜泉、蒋胜友习武，是20世纪三四十年代五常西半部各村庄练武活动的主要组织者。蒋茂华的武

五常武师蒋茂华

五常友谊武术团胡连宝（胡金火　提供）

术传人众多，包括儿子蒋正友、孙子蒋法泉。其曾孙蒋超威、曾侄孙蒋超杰现已成为五常社区十八般武艺的最新一代传人。

　　胡氏家族世居五常东南部的白庙河西，其十八般武艺传人主要分布于今友谊社区。胡氏是五常东半部白庙一带数代相承的武术家族，至今已延续六代。目前能追溯到的胡氏武术传人，最早为胡兆型（又名胡友宝），生于清光绪早期，清末民国初年在西溪一带以武术闻名。其侄胡顺理（又名胡友根）生于光绪二十八年（1902），自幼随叔习武，精三节棍。胡顺理之子胡连宝，1930年出生，从小随父习武，现已年过八旬，仍是友谊社区武术团骨干。胡顺理将武术传给

五常社区习武少年

七岁习武的胡嘉龙（胡金火　提供）

孙子胡金火，连胡金火的母亲也懂得不少十八般武艺套路。改革开放后白庙村民恢复练武，她一眼就看出他们打的拳缺少章法，建议胡金火去指点。如今胡金火的儿媳也是友谊社区传承五常十八般武艺的骨干力量。胡金火的孙子胡嘉龙七岁开始由曾祖父、祖父指点习武，现为五常十八般武艺的最新一代传人。

蒋、胡两家都有一个较为有趣的现象：十八般武艺的传承通常是祖辈传给孙辈，体现着含饴弄孙的天伦之乐。这也从一个侧面反映出五常十八般武艺以武为乐、寓教于乐的特征。

2.团队传承

洪钟带领乡人子弟学武之处时称"众安坊"，众安坊的武术团队因年代久远，具体名称已难查考。后来十八般武艺表演逐渐成为元宵灯会、庙会的重头戏，武术团队俗称"拳灯班"。清末民国初年五常白庙前（今属友谊社区）成立庆春坊国术团，民国时蒋家埭（今属五常社区）村民组建众安坊国术团；1953年，五常白庙成立练武、演戏合一的民丰业余京剧团；改革开放后，五常街道先后建立杭州西溪（五常）武术队、友谊社区武术团。 这些团队也是五常十八般武艺的传承平台，团队成员自愿参加，在活动中切磋练习，虽有前辈后辈之分，但很少有师徒名分。器械使用呈一专多能态势，大多可找到相对清晰的传承关系。武术团队的主持者更是十八般兵器样样精通，同时富有组织能力和带教经验，在团队中颇具威望。各人在武术团队中的训练和表演分工有所侧重，这样的安排既可使个人特长得到充分发挥，又可在发生特殊情况时进行替补，不至因人员缺位而出现尴尬。

五常社区的杭州西溪（五常）武术队演练主要分工及传承情况如下：

江金水，男，1938年生，五常社区人，擅长武耙、四门金刚拳。早年随村内的吴阿根习武，后又传教村内洪阿良、洪桂荣。

洪文根，男，1940年生，五常社区人，擅长阳锐。早年随村内的蒋金水习武，后又传教村内胡良泉、高峰。

沈永坤，男，1940年生，五常社区人，擅长文耙。早年随村内的徐宝根习武。

洪水泉，男，1944年生，五常社区人，擅长李公拐。早年随村内的洪长法习武，后又传教村内蒋晓兵。

江金桂，男，1945年生，五常社区人，擅长三尖两刃刀。早年随村内的蒋福全习武，后又传教村内洪顺龙。

洪爱生，男，1946年生，五常社区人，擅长鱼龙斧、钺斧。早年随村内的蒋阿贵习武，后又传教村内沈宏源、洪文忠、蒋洪明、洪国法。

蒋正明，男，1946年生，五常社区人，擅长洪拳、大劈锁。早年随堂兄蒋福泉及村内的蒋六毛习武，后又传教村内蒋超杰、吴圣生。

徐松顺，男，1947年生，五常社区人，擅长龙刀，谙一百零八刀法。早年随移居蒋村的蒋金云习武，后又传教村内洪桂荣。

仲洪泉，男，1947年生，五常社区人，擅长枣逆槌。早年随村内的仲长根习武。

蒋福元，男，1948年生，五常社区人，擅长阴锐。早年随村内的蒋福全习武，后又传教村内傅小明。

蒋志财，男，1956年生，五常社区人，擅长方天戟。早年随堂伯蒋阿荣习武，后又传教村内章松春、蒋忠良。

蒋洪富，男，1956年生，五常社区人，擅长金刚伞。得其父蒋六毛亲传，后又传教村内蒋法忠、胡法忠。

蒋金富，男，1958年生，五常社区人，擅长凤刀。早年随村内的吴阿根习武，后又传教村内张伟、蒋官法。

洪明宝，男，1961年生；胡忠伟，男，1990年生。均为五常社区人，擅长笔艺爪。早年随村内的蒋茂华习武。

蒋玉法，男，1962年生；江胜标，男，1979年生。均为五常社区人，擅长兄弟刀。早年随村内的蒋正明、洪水泉习武。

蒋法泉，男，1964年生，擅长尚阳刀。自幼随其父蒋正友习武，后又传教村内洪文标。

洪明宝在蒋茂华指导下练文耙

胡林松，男，1970年生；杨贵龙，男，1968年生。均为五常社区人，擅长金瓜锤。早年随村内的蒋金生习武，后又传教村内周峰。

胡吉云，男，1986年生，五常村人，擅长五常棍。他喜爱棍术，受到胡天喜、胡乔泉的指导，并细心观察、学习他人演练，综合多人之长，形成自己的棍术风格。

蒋超威，男，1993年生，五常社区人，擅长玉手笔艺爪。自幼得曾祖蒋茂华指点。

友谊社区武术团演练主要分工及传承情况如下：

胡连宝，男，1930年生，友谊社区人。自幼随父亲胡友根习武，擅长大劈锁。

　　王妙法，男，1934年生，友谊社区人。早年随村内的费寿法习武，擅长阳锐。

　　胡玉法（金洪），男，1935年生，白庙社区人。早年随民国时五常知名拳师胡杏法习武，擅长金刚鞭。

　　俞金连，男，1938年生，友谊社区人。早年随村内的沈福泉习武，十八般武艺皆精，尤其擅长钺斧、蔡阳刀。担任友谊村（社区）武术团团长已二十余年。

　　邱鸿范，男，1939年生，友谊社区人。早年随村内的俞金连习武，擅长金瓜锤。

　　朱兆源，男，1940年生，友谊社区人。早年随村内的费寿法习武，擅长阴锐。

　　王松华，男，1943年生，友谊社区人。早年随祖父王士贵习武，擅长蔡阳刀、文耙。

　　沈永法，男，1945年生，友谊社区人。早年随姑父沈雪龙习武，擅长方天戟。

　　唐宝林，男，1947年生，友谊社区人。早年随村内的俞金连习武，擅长凤刀。

　　邱鸿森，男，1947年生，友谊社区人。早年随村内的俞金连习武，擅长文耙、五常棍（又称四门棍）。

胡金火，男，1950年生，友谊社区人。自幼随武艺高强的祖父胡友根习武，十八般武艺皆精，尤其擅长拳法、棍术、蔡阳刀。担任友谊村（社区）武术团副团长及杭州市西溪文化研究会武术分会会长。

钟金明，男，1950年生，友谊社区人。早年随村内的俞金连习武，擅长李公拐。

唐荣富，男，1958年生，友谊社区人。早年随村内的俞金连习武，擅长钺斧。

何培林，男，1958年生，友谊社区人。自幼受武艺高强的祖父、祖母熏陶，又得俞金连指点，擅长三尖两刃刀。

沈朝荣，男，1970年生，友谊社区人。早年随村内的俞金连习武，擅长枣逆槌（又称狼牙锤）。

万根泉，男，1978年生，友谊社区人。早年随村内的沈福泉习武，擅长金刚伞。

王玉其，男，1979年生，友谊社区人。早年随村内的费寿法习武，擅长笔艺爪。

王阿毛，男，1979年生，友谊社区人。早年随村内的费寿法习武，擅长武耙。

胡伟华，男，1979年生，友谊社区人。少时随村内的俞金连习武，擅长四门棍。

女子传承队伍

　　近年五常街道还形成了由中青年妇女组成的五常十八般武艺传承队伍，英姿飒爽，秀美中蕴含英武，充满新时代气息。

3.学校传承

　　2004年开始，五常中心小学将五常十八般武艺的内容整理为校本教材，帮助学生了解五常十八般武艺这一文化瑰宝。2010年开始，在校内开展五常十八般武艺传承活动，举办十八般武艺培训班，请来西溪（五常）武术队胡乔泉、胡吉云等十八位成员演示教练。

　　2011年，街道投入二十余万元，在五常中心小学建立总面积三百余平方米的五常十八般武艺教学传承展示馆，此馆已被列为省级非遗保护试点项目基地，该校被认定为浙江省非物质文化遗产传承学校、余杭区首批非物质文化遗产传承教学基地。近年学校体育教师已熟练掌握教演五常十八般武艺的各个要领，也在校内担任武术教练。

五常中心小学除了在体育课中教习十八般武艺外，还在中、高年级学生中组织了一支武术队伍，现有正式队员十八名、后备队员五十四名。学校还请来了校外教师，为十八般武艺的表演配制音乐。

五常十八般武艺的影响力已扩展到周边地区。2011年，胡金火受西溪文化研究会委托及西湖区留下中心小学邀请，担任留下中心

五常中心小学十八般武艺武术队

老一辈传承人教小学生习武

五常小学武术教练蒋志财

小队员接受采访

小学武术教练，向小学生传教十八般武艺。2013年，胡金火因在学校传承十八般武艺贡献突出，获得浙江省千名群众文艺骨干、杭州市优秀少先队辅导员等荣誉称号。2013年开始，胡金火又应杭州万象职业技术学院之邀，定期去该校向大学生传教十八般武艺。

十八般武艺传入留下中心小学

胡金火向大学生传授十八般武艺（胡金火　提供）

[肆]五常十八般武艺传承人

五常十八般武艺有经政府认定的代表性传承人,还有一些人武术渊源颇深,社会上有相当影响,在习武者中有一定威望,在五常十八般武艺的传承中有较显著的贡献,也是重要传承人。

经政府认定的五常十八般武艺代表性传承人有:

胡天喜（1915—2008），男，出生于五常，从小在父亲带领下习武，岳父也是五常知名拳师。他精通各种兵器,特别擅长武耙。

2004年,八十九岁高龄的胡天喜积极帮助五常村恢复民间武术队,并传授武艺于年轻一代,为五常村培养了胡乔泉等众多习武骨干。同年,在第二届浙江国际传统武术大会上,胡天喜作为高龄武术家,获"武术事业特殊贡献奖"。2004年,他被认定为杭州市第一批非物质文化遗产项目"五常十八般武艺"的代表性传承人。

胡天喜获"武术事业特殊贡献奖"

胡乔泉（1956—　），男，出生于五常，八岁开始习武,掌握刀法、棍法等多种套路及阵法。20世纪80年代,他在练武的同时教习五常十八般武艺,后在同村胡天喜、蒋茂华的传

授下,精通各种兵器。2004
年五常村恢复民间武术团
队,胡乔泉担任队长,负
责组织训练,培养了胡吉
云、蒋国民等一大批习武
骨干。2004年,胡乔泉被认
定为杭州市非物质文化遗
产"五常十八般武艺"代表
性传承人,2009年,被认定
为浙江省非物质文化遗产
代表性传承人。

为五常十八般武艺传
承作出重要贡献的其他
人有:

代表性传承人胡乔泉

蒋茂华(1916—2007),男,出生于五常,儿时就跟着长辈在家
门口使枪弄棒,七八岁时随叔祖公蒋胜泉、蒋胜友学习武术。成年
后,十八般武艺样样精通,擅长玉手笔艺爪和青龙偃月刀。民国时
期,蒋茂华是五常西半部练武的主要组织者,1997年起是五常村练
武主要指导者、五常十八般武艺主要传承人,传人众多,亲属中已传
给儿子、孙子及曾孙辈。2004年2月,蒋茂华将叔祖七十年前所传刀

法整理成《青龙偃月刀刀谱》，作为内部资料使用。全文分前四门、中四门、后四门，每门三十六刀，共一百零八条刀法。当年6月及2005年2月，他又整理出《笔艺爪谱》、《龙鱼斧谱》、《金刚鞭谱》。蒋茂华因长期不懈地操练武艺而长寿，2000年被评为"余杭市健康老人"，2001年被评为"杭州市健康老人"。2004年12月，浙江省武术协会为表彰蒋茂华对五常十八般武艺的挖掘与传承，向他颁发了"武术事业特殊贡献奖"。

俞金连（1938—　），男，友谊社区人，自幼爱好乡风民俗，二十四岁师从沈福全学习十八般武艺，精通各种兵器。他身为木匠，对龙舟雕刻与十八般器械的雕刻有浓厚的兴趣，长期投身其中。2010年以来，多次在省内外武术比赛中获得第一名，现任五常街道友谊社区武术团团长，团骨干中有一半受过他的带教，现已录制多种器械表演录像片，供训练参考。

五常街道友谊武术团团长俞金连（俞金连　提供）

胡金火龙刀表演（胡金火　提供）

胡金火授艺

　　胡金火（1953—　），男，友谊社区人。六岁开始随祖父胡友根习武，年轻时擅空手拳，后又精通蔡阳刀、笔艺爪等兵器。"文化大革命"时期他以农具为兵器，偷偷坚持练武。胡金火多次在省内外武术比赛中获金牌或第一名，现任杭州市西溪文化研究会武术分会会长、友谊社区武术团副团长，并在多所院校传授五常十八般武艺。

附录

五常十八般武艺相关著述 ·

　　改革开放后，五常一带恢复了习武传统，五常十八般武艺逐渐为外界所知并引起关注，载入地方史料。

　　1990年出版的新中国成立后的首部《余杭县志》中，记载了拳灯及十八般古代兵器。

　　2005年，杭州市余杭区政协文史委员会、杭州市余杭区风景旅游局编撰《天堂绿洲》，介绍五常（时属闲林镇）一带风土人情，五常十八般武艺为重要内容之一。该书于2005年12月由西泠印社出版社出版。

　　2006年，杭州市余杭区开始编撰"余杭区非物质文化遗产丛书"，《余杭民间艺术大观》为丛书的第一部，其中"五常拳灯"即五常十八般武艺为重要内容之一。该书于2007年7月由浙江人民出版社出版。

　　2007年，杭州古都文化研究会成立古都武术文化专业委员会，对五常十八般武艺展开专题研究，五常十八般武艺文化研究进入了更高的学术层面。

五常拳灯

五常拳灯又名十八般武艺，是一种将民间武术与民间灯舞相融合的民间舞蹈。源于明朝，流传于五常管委会一带，至今已有500多年历史。五常乡民民性刚强，向习武强身、保卫家乡的传统。明朝正德年间，出生五常，勤奋好学，文武兼备，历任工部、刑部等3部尚书的洪钟告老还乡后，在家乡修庙建桥，并把自己

从前带兵征战的各种兵器使用方法传授给了家乡子孙，并办起了武艺队，当时叫"众安坊武艺队"，延续400多年，直至1945年才改名为"国术研究团"。洪钟传授的古兵器，共有18般19件，均为独特的木质兵器，计有青龙关公刀、龙刀、凤刀、方天戟、笔艺爪、阴镗、阳镗、木棍、金瓜锤、李公拐、枣逆槌、文耙、武耙、三

村民们在演练十八般武艺

《余杭民间艺术大观》中的五常拳灯

余杭"非遗"连环画（葛犇程　摄）

　　2008年，余杭区文广新局将当时已列入浙江省非物质文化遗产名录的八个项目（其中"余杭滚灯"为国家级）编纂成"余杭非物质文化遗产代表作连环画丛书"，以推动余杭区优秀非物质文化遗产的保护和传承，其中一册为《五常十八般武艺》，于2008年6月由西泠印社出版社出版。

　　此外，历年来从中央到地方的许多新闻媒体对五常十八般武艺作了报道和内容介绍，使海内外众多观众、读者感受到了五常十八般武艺的魅力。

主要参考文献

1. 〔明〕田大益万历三十七年重刻《留青日札》中友人之序。

2. 〔明〕释大善：《西溪百咏》八千卷楼丁氏刊本，余杭区地方志办公室："余杭古籍再造丛书"，浙江古籍出版社，2013年。

3. 〔明〕吴本泰：《西溪梵隐志》八千卷楼丁氏刊本，余杭区地方志办公室："余杭古籍再造丛书"，浙江古籍出版社，2013年。

4. 〔清〕张吉安：《嘉庆余杭县志》，民国八年吴兰孙重印本。

〔清〕陈文述：《西溪杂咏》，余杭区地方志办公室："余杭古籍再造丛书"，浙江古籍出版社，2013年。

5. 〔民国〕丁立中：《西溪怀古诗》梅溪书屋本，余杭区地方志办公室："余杭古籍再造丛书"，浙江古籍出版社，2013年。

6. 无谷、刘志学编：《少林寺资料集》（文献百科知识丛书），书目文献出版社，1982年。

7. 傅起凤、傅腾龙：《中国杂技》，天津科学技术出版社，1983年。

8. 任继愈主编："中国文化史知识丛书"之《中国古代兵器》（王兆春撰），天津教育出版社，1991年。

9. 任继愈主编："中国文化史知识丛书"之《中国古代武术》（任海撰），天津教育出版社，1991年。

10. 余杭镇志编纂办公室编：《余杭镇志》，浙江人民出版社，1992年。

11. 杭州市地方志编纂委员会编：《杭州市志》第十卷，中华书局，1995年。

12. 浙江省体育志编纂委员会编：《浙江省体育志》，方志出版社，2003年。

13. 杭州市余杭区政协文史委员会、杭州市余杭区风景旅游局编，王庆编撰：《天堂绿洲》，西泠印社出版社，2005年。

14. 周膺主编：《洪氏家族与西溪湿地》，当代中国出版社，2005年。

15. 杭州市余杭区文化广电新闻出版局编撰：《余杭民间艺术大观》，浙江人民出版社，2007年。

16. 高有鹏：《庙会与中国文化》，人民出版社，2008年。

17. 杭州市体育局、中国体育博物馆杭州分馆主编，赵大川编著：《杭州体育百年图史》第一卷，杭州出版社，2008年。

18. 张如安等：《鄞县望族》，浙江古籍出版社，2009年。

19. 杭州市西湖区西溪文化研究会、杭州市东岳股份经济合作社编，单金发主编：《东岳村》，中国文联出版社，2011年。

20. 王国平总主编:《杭州全书》之《西溪的宗教文化》(周膺、吴晶编著),杭州出版社,2012年。

21. 王国平总主编:《杭州全书》之《西溪诗词选注》(虞铭、陶学锋编著),杭州出版社,2013年。

22. 王国平总主编:《杭州全书》之《西溪与水浒》(马成生著),杭州出版社,2013年。

后记

　　五常十八般武艺已有近五百年的历史，这项集强身、娱乐、表演于一体的民间体育活动融入当地的民俗活动，不断充实发展，盛行于五常及周边乡镇。在不算广阔的一方之域，其内容之丰富、参与群众之多、百姓热情之高，在武术活动中并不多见。

　　五常十八般武艺的发展过程与国运兴衰密切相关。改革开放后，这朵濒临消亡的民间文化奇葩绝处逢生，迎来了新的生机。在政府的关怀下，五常十八般武艺从乡村登上全国性的文化殿堂，而且走出国门、走向世界，在大洋彼岸的国际舞台展示风采。2011年5月，五常十八般武艺被列为国家级非物质文化遗产拓展项目。

　　近年来，余杭区积极推行非遗保护"八个一"计划，五常街道在上级文化部门指导下，落实专项方案、基地、队伍、经费及配套政策，使十八般武艺这一国遗项目得到发扬。这次在省文化厅的关怀和有关专家的指导下，整体资料编撰成书的目标终于实现。

　　本书的编撰得到杭州师范大学徐金尧教授、省非物质文化遗产保护工作专家陈顺水老师、余杭区非物质文化遗产保护办公室王祖龙主任的精心指导。杭州市体育局原局长、杭州市武术协会常务副理事长赵荣福先生是较早发现并关注五常民间武术的有心人,在本书编撰的采访中,他回顾当年发现和扶持五常十八般武艺的经过,使我们深为感动、深受启发。

杭州市西湖区西溪文化研究会武术分会会长胡金火,杭州西溪(五常)民俗文艺家协会洪大根、洪明宝、沈根松,杭州西溪(五常)武术队负责人胡乔泉、蒋志财,五常友谊社区武术团负责人俞金连,紧邻五常的仓前街道葛巷村拳灯研究者葛犇程,都对书稿提出了许多宝贵意见和建议。杭州西溪(五常)十八般武艺队、五常友谊社区武术团为本书编撰作专场表演。对于他们的大力支持,谨表衷心的感谢。浙江大学龚玉和老师参与了早期采访工作,五常街道文体服务中心刘佳佳参与了资料整理和部分照片拍摄。

限于我们的视野、学识、水平,本书必定有不尽之处、不妥之处甚至错误之处,期望读者批评指正。

编著者

2015年9月

责任编辑：张　宇

装帧设计：薛　蔚

责任校对：王　莉

责任印制：朱圣学

装帧顾问：张　望

图书在版编目（ＣＩＰ）数据

五常十八般武艺 / 徐楚浩, 叶华醒编著. -- 杭州：
浙江摄影出版社, 2015.12（2023.1重印）
（浙江省非物质文化遗产代表作丛书 / 金兴盛主编）
ISBN 978-7-5514-1177-6

Ⅰ.①五… Ⅱ.①徐… ②叶… Ⅲ.①武术—介绍—
杭州市 Ⅳ.①G852

中国版本图书馆CIP数据核字（2015）第277746号

五常十八般武艺

徐楚浩　叶华醒　编著

全国百佳图书出版单位
浙江摄影出版社出版发行
　　地址：杭州市体育场路347号
　　邮编：310006
　　网址：www.photo.zjcb.com
制版：浙江新华图文制作有限公司
印刷：廊坊市印艺阁数字科技有限公司
开本：960mm×1270mm　1/32
印张：4.875
2015年12月第1版　　2023年1月第2次印刷
ISBN 978-7-5514-1177-6
定价：39.00元